GEEF DAT KIND EEN SLOK JENEVER

70 jaar geleden sliepen ouders vredig & ongestoord
Opvoedvragen beantwoord met de kennis van toen en nu

Dorine Hermans en Els Rozenbroek

Spectrum

Dit boek dragen we op aan onze moeders, twee rebellen die zich niets aantrokken van deskundigen: Marguerite Hermans-van Waesberghe en Miep Rozenbroek-Paleari. Zij lieten hun huishouden en kinderen vrolijk verslonzen in een tijd dat je er als vrouw op werd afgerekend hoe netjes je de was te drogen hing en hoe keurig je kinderen gekleed gingen. Het zou mooi zijn als we hier konden spreken van een principekwestie. Helaas, het was meer zo dat ze er gewoon geen zin in hadden. Maar ze deden het toch maar. Tot onze blijdschap. Als ze naar deskundigen hadden geluisterd, waren ze diep ongelukkig geworden en hadden wij een veel minder leuke jeugd gehad.

INHOUDSOPGAVE

GEEF DAT KIND EEN SLOK JENEVER

We hadden ook kunnen zeggen: geef dat kind een pak slaag. Bind het aan een boom. Sluit het op in het kolenhok. Zet die huilbaby in de schuur. (Wat de jenever betreft: als wij vroeger niet konden slapen kregen we van onze ouders een scheutje jenever door ons flesje melk. We sliepen als rozen.) Als u deze adviezen opvolgt bellen uw buren de politie; maar in onze jeugd keek niemand ervan op.

Die jeugd vond dan ook plaats in een speciale periode, die we met plezier belichten in deze inleiding. Niet alleen vanwege de amusementswaarde, al hebben we ons kostelijk vermaakt met alle gekke dingen die deskundigen onze ouders voorscheven. Ons doel is ouders over te brengen dat je opvoeddeskundigen met een korreltje zout moet nemen (behalve ons dan, maar wij zijn geen deskundigen) omdat ze ouders ontzettend onzeker maken. Dat bleek in 2015 uit een onderzoek van de Hogeschool Leiden. Volgens lector Ouderschap en Ouderbegeleiding dr. Carolien Gravesteijn denken moderne opvoeddeskundigen te veel vanuit kinde-

ren en te weinig vanuit ouders, waardoor die laatsten overbelast raken. Ze hebben het gevoel dat ze alle verantwoordelijkheid voor het geluk van hun kinderen in de schoenen geschoven krijgen. Dit in een tijdsgewricht waarin burnouts toch al op de loer liggen wegens het hoge levenstempo. Ouders doen steeds vaker een beroep op opvoeddeskundigen. Die hen onzeker maken. Waarna ze opnieuw bij deskundigen aankloppen. Op deze vicieuze cirkel draait een bloeiende opvoeddeskundigenbranche.
Honderd jaar geleden was het precies andersom. Toen stonden niet de kinderen, maar hun ouders centraal. *Children should be seen, not heard* was het devies. Aan tafel mochten kinderen niet eens praten. Als het financieel kon, moesten ze zo snel mogelijk naar kostschool. Daar word je als ouder niet gauw overspannen van.
De deskundigen van toen hingen de *zwarte pedagogiek* aan. Wat kinderen wilden was volstrekt onbelangrijk. Integendeel: hun wil moest worden gebroken, om hen absolute gehoorzaamheid te leren. Zo kon het fascisme ontstaan. Nogmaals, je moet deskundigen niet te serieus nemen.
Omdat wij geboren zijn in de jaren vijftig, hebben we uit de eerste hand overzicht over de eeuw waarin alles 360 graden keerde. Onze grootouders kwamen honderd jaar geleden ter wereld. Voor de huidige generatie zijn ze schimmige figuren uit stijve zwart-witkiekjes, maar wij hebben ze persoonlijk gekend, ze voedden onze ouders op, hun levensverhalen zijn ons met de paplepel ingegoten, ze hebben ons verteld hoe onze overgrootouders hen opvoedden.
We hopen ouders te inspireren hun eigen koers te varen, en hun gezond verstand te gebruiken. Ouders zijn evolutionair uitgerust met het talent kinderen op te voeden in overeen-

stemming met de eisen van hun tijd. Ze kunnen op zichzelf vertrouwen. Met deze gedachte staan we op de schouders van een reus: de Amerikaanse antideskundige Benjamin Spock (1903-1998). *You know more than you think*, was de slagzin, die hij in 1950 introduceerde. Hij vond dat ouders naar hun instinct moesten luisteren, en veegde de vloer aan met de strenge pedagogen die voorschreven dat baby's alleen mochten worden opgepakt bij het voeden; dat kinderen slechts spaarzaam mochten worden geknuffeld of getroost. Volgens de gevestigde orde kweekte hij daarmee watjes. Toen de hippies in de jaren zestig tegen de oorlog in Vietnam demonstreerden, gaf Spiro Agnew, de Amerikaanse vicepresident, Spock daarvan de schuld. Tot vreugde van Spock: 'De hippies zijn mijn baby's, ik ben trots op ze. Waarom zou je je best doen kinderen goed groot te brengen, als je ze daarna massaal laat vermoorden?' (Interessant: tot ieders verbijstering brachten Spocks zonen vlak voor zijn dood naar buiten dat hij zelf een uiterst kille vader was geweest, die hen 's avonds een hand gaf bij het slapengaan.)
Hoe groot de druk was die onze moeders moesten weerstaan blijkt uit de lijvige encyclopedie *De Baedeker voor de huisvrouw* die in de jaren vijftig van de vorige eeuw in bijna iedere huiskamer stond. Het eerste deel verscheen in 1953, zodat onze moeders hem nog net cadeau konden krijgen voor onze geboorten, respectievelijk in 1957 en 1959 (al kunnen wij achteraf nergens uit opmaken dat ze hem ooit hebben opengeslagen). De reeks was samengesteld door een leger pedagogen, artsen, bloemschikdocenten, leraressen wassen, drogen, strijken, scheikundigen, architecten en tuinbouwkundigen, die samen 25 delen van gemiddeld tweehonderd bladzijdes volschreven.

Door de bril van onze tijd bezien laat *De Baedeker* zich lezen als cabaret. Een ding moeten we de samenstellers van de encyclopedie nageven: ze maakten onze ouders niet wijs dat ze ons gelukkig konden maken, zoals hun opvolgers van nu. Hoogstens tevreden. Iedereen wist destijds dat kinderen niet alleen door hun ouders worden opgevoed, maar door de hele maatschappij. Zoals ze bij de Afrikaanse Lunyoro zeggen: 'Omwana takulila nju emoi' (een kind groeit niet alleen thuis op). In Kihaya klinkt het: 'Omwana taba womoi' (een kind is niet van zijn ouders of thuis).
Toen de Engelse kolonisten in de negentiende eeuw half Afrika inpikten, vertaalden ze deze typisch Afrikaanse wijsheden naar het wereldbekende gezegde: *It takes a village to raise a child.*
Tegenwoordig is die *village* een metropool geworden waar ouders zelf niet eens de weg weten, laat staan dat ze hun kinderen kunnen gidsen. Vergeleken daarbij zijn wij opgegroeid in een gehuchtje. Met een kruispunt waar eenmaal per dag een tractor voorbij sjokte. Onze ouders hadden weinig keuzemogelijkheden. Dat had nadelen, maar het gaf ook rust. Tot de boosdoeners – of de weldoeners, het is maar hoe je het bekijkt – behoorden de standenmaatschappij, de rollenpatronen, en het gebrek aan welvaart, zo vlak na de oorlog. Per huishouden was er hooguit één telefoon. Je dacht wel drie keer na voor je daarmee naar het buitenland belde, want dat kostte een kapitaal. Televisies waren prijzig, en volgens sommigen 'not done'. De ouders van Els kochten er pas een in 1963, Dorine moest wachten tot de eerste maanlanding in 1969. Ze hoorde van haar vriendinnetjes of Thierry de Slingeraar uit de gelijknamige kinder-televisieserie verliefd was op Isabelle. Haar broer mocht op

woensdagmiddag *Bonanza* kijken bij de buren, de familie Dievers, voor meisjes werd deze brave cowboyserie te gewelddadig geacht. Zo bleef de wereld klein en overzichtelijk.

De belangrijkste keuze die onze ouders werd bespaard was die of ze kinderen kregen, en zo ja, hoeveel. Wij zijn nog net geboren voordat de anticonceptiepil op de Nederlandse markt kwam, in 1964. Die gebeurtenis verdeelt de Nederlandse opvoedgeschiedenis in twee tijdvakken, de miljoenen jaren ervoor, en de 53 jaar erna.

Sinds de pil kunnen mensen beslissen of ze wel of niet een mensenleven op aarde zetten. Die beslissing is eigenlijk te groot. Ter vergelijking: architecten zetten een gebouw op aarde met het idee dat het zo'n vijftig jaar moet kunnen doorstaan. Mensen worden gemiddeld tachtig jaar. Aan zo'n gigantisch project begin je alleen als je het gevoel hebt dat je de betrokkene een plezier doet. Zo worden ouders in de rol gedrongen van gastvrouwen en -heren die hun kinderen hebben uitgenodigd op een feest. Als de gasten zich niet uitbundig amuseren hebben de ouders gefaald.

Wij kunnen ons goed in de ouders van nu verplaatsen, want wij behoren tot de allereerste generatie in Nederland die bewust kinderen kreeg. Tegelijk kunnen we ons inleven in de laatste generatie die zich onbekommerd voortplantte zonder daarvoor gekozen te hebben. Onze ouders hoefden zich niet af te vragen of wij het wel leuk vonden geboren te worden. We kwamen gewoon, vaak in groten getale. Dat scheelde veel schuldgevoel, en zijden handschoentjes.

De illusie dat ze ons een feest konden bieden, hadden onze ouders niet. Het bestaan was hen gepresenteerd als een worsteling. Ze waren opgegroeid in de oorlog. Ze hadden hun Joodse klasgenootjes zien verdwijnen; hun vaders en broers doken onder voor razzia's. In de hongerwinter serveerden hun eigen ouders hen een halve aardappel of tulpenbol per dag. *De Baedeker voor de huisvrouw* in de aflevering *Vrouwenarts helpt*: 'Het leven is zwaar en onrechtvaardig. Niemand mag verwachten dat het hem vriendelijk tegemoetkomt. En omdat het zelfs voor de besten onder ons onmogelijk is te leven zonder tegenslagen en misstappen, ligt de hoop voor het zuiver blijven van de geest in AANVAARDING.'

Het is eenvoudig opvoeden als je kinderen *aanvaarding* moet leren. Je hoeft ze dan alleen maar ontberingen te bezorgen. De vragen die jonge ouders aan ons stellen zouden onze ouders lachend hebben beantwoord. Ouders twijfelen of ze een huilbaby af en toe mogen laten liggen. In onze jeugd brachten huilbaby's hun nachten in de kelder of de garage door. In *De Baedeker voor de huisvrouw* stond: 'Huilen maar, urenlang en avond aan avond. Ten slotte moet een van de partijen eieren voor zijn geld kiezen, zorg ervoor dat dat het kind is.'

Weglooppeuters werden aan bomen gebonden, met een speeltje. Iemand vroeg ons of het erg was dat ze niet elke week aanwezig was bij de voetbalwedstrijd van haar zoontje. Bij onze sportwedstrijden was nooit een ouder te bekennen. Toen Dorines klasgenoot Jeroen tenniskampioen werd bij de junioren vernam zijn vader dat uit de krant.

Kortom: de generatie van onze ouders behandelden kinderen niet als gasten. Onze ouders hadden belangrijkere dingen aan hun hoofd. Vaders moesten de kost verdienen, moeders moesten onze vaders verzorgen. Zo stond het in *De Baedeker*: 'Een getrouwde vrouw dient haar eerste zorg aan haar man te besteden en niet aan de kinderen. Kinderen spelen in het huwelijk slechts een ondergeschikte rol. Zij komen en gaan, maar het huwelijk blijft. Als kinderen thuis de eerste plaats innemen worden zij veeleisend, verliest de vrouw de beheersingen over haar zenuwen en de man zijn belangstelling voor het gezin.'

Tegenwoordig worden vaders als serieuze opvoeders gezien. In onze tijd waren ze Sinterklaas-achtige figuren bij wie je 's avonds even op de knie mocht zitten. Onze moeders waren het middelpunt van ons bestaan. Ook al waren vaders tot 1971 wettelijk 'het hoofd der echtvereniging' aan wie onze moeders officieel gehoorzaamheid verplicht waren. Tot 1957 waren onze moeders zelfs handelingsonbekwaam. 'Onbekwaam om overeenkomsten te treffen zijn: 1. Minderjarigen. 2. Zij die onder curatele zijn gesteld. 3. Getrouwde vrouwen.' Zo stond het in de wet.

Na hun huwelijk mochten onze moeders geen geld van de bank halen zonder schriftelijke toestemming van hun man. Mannen gingen over de financiën; zij gaven hun vrouw huishoudgeld voor de dagelijkse boodschappen. Die boodschappen mochten vrouwen alleen op eigen houtje verrichten omdat 'de man moeilijk de hele dag thuis kan blijven om bakker en melkboer te betalen. Hij heeft wel wat beters te doen', zoals *Vrij Nederland* in 1949 schreef.

Echtgenotes mochten geen geld verdienen. Dan wekten ze de schijn dat hun man hen niet kon onderhouden. Tot 1957 werden vrouwen in overheidsfuncties bij hun huwelijk automatisch ontslagen om zich te wijden aan hun man.

Zoals Els' moeder, die tot haar huwelijk secretaresse was geweest op het ministerie van Defensie. Tegen de verveling werd ze na haar huwelijk stiekem verkoopster bij de Bijenkorf. Tot ze kinderen kreeg. Werkende moeders bestonden niet.

In 1956 wist een van de zeldzame vrouwelijke Kamerleden, PvdA-ster Conny Tendeloo, haar mannelijke collega's te overtuigen dat getrouwde vrouwen wel degelijk handelingsbekwaam waren, en bovendien, dat ze een baan moesten kunnen hebben. Tendeloo kon deze prestatie alleen leveren omdat ze niet getrouwd was, anders had ze zelf niet mogen werken.

Daarmee behoorde ze tot de enige categorie vrouwen die wij in onze kinderjaren hun eigen geld zagen verdienen: die van de *oude vrijsters*, de ongelukkigen die de huwelijksboot hadden gemist.

Zo'n oude vrijster werd je pakweg na je 25ste. De meeste vrouwen hadden dan al een hele kinderschaar. De tijdspanne van gezinsvorming was kort. 'De tijd staat niet stil en ook de mooiste vrouwelijke vlinder wordt 35', zo waarschuwde *De Baedeker* moeders die te veel hechtten aan hun uiterlijk. 'De kinderen hebben haar dan nauwelijks meer nodig en hun enige talent devalueert. Op ruim veertigjarige leeftijd is zij soms al grootmoeder.' Rond de zestig werd je overgrootmoeder. *De Baedeker*: 'Met instemming van de huisarts kan lichamelijke ontspanning op deze leeftijd nog gerust worden voortgezet.'

Vrijgezelle vrouwen die de boot hadden gemist viel medelijden ten deel. De vrouwenarts van *De Baedeker*, Marion Hilliard: 'In de toekomst zal niets ter wereld een meisje zoveel pijn kunnen doen als dat ene ogenblik, waarin zij tot het besef komt dat zij haar hele leven lang alleen zal zijn.' Marion Hilliard was ervaringsdeskundige, want ze was zelf niet getrouwd. Anders was ze geen arts geweest. Tips aan haar lotgenoten: 'Het is heel verstandig een aantal grammofoonplaten aan te schaffen waarmee de stilte kan worden gevuld.' En: 'Het ongetrouwde meisje heeft niets te zoeken in gezelschap van louter getrouwde mensen, het heeft geen zin haar neus te drukken tegen de etalageruit waar de taartjes staan.'

Had een vrouw het geluk man en kinderen te krijgen, dan kon ze nergens beter terecht dan bij *De Baedeker*. Duizenden bladzijden lang schreef *De Baedeker* voor hoe het huishouden moest worden geleid. De 25 delen hadden namen als: *Huishouden op rolletjes*, *Van vingerhoed tot strijkplank*, *Hoe moet ik met mijn kind*, *Dank u, dokter!*, *Eén recht, één averecht*, *Vlijtige vingers*, *Vrouwenarts helpt*, *De weg tot het hart*.

De dagtaak was erop gericht dat de man bij terugkomst uit zijn werk een spic en span huis aantrof, zoete gewassen kinderen in pyjamaatjes, die hem zijn krant en zijn pantoffels brachten, en een elegante geklede vrouw die hem verrukkelijk eten opdiende.

Veel huisvrouwen waren bij dit alles continu in verwachting. Gezinnen van tien kinderen waren geen uitzondering. Gezinnen met twee à drie kinderen wel. In *De Baedeker*-optiek waren dat probleemgezinnen, die extra aandacht behoefden.

Uit de editie *Hoe moet ik met mijn kind*: 'Het kind uit het kleine gezin heeft het moeilijk. Hier hebben de ouders te veel tijd zich met de kinderen te bemoeien. De kans is groot dat deze al te nadrukkelijk opgevoede, geleide en beheerste nakomelingen te snel getrokken worden uit de kinderwereld naar die der volwassenen. Zij kunnen daardoor een zekere vroegrijpheid vertonen die de natuurlijke ontwikkeling schaadt. Niet zelden komt het voor dat kinderen uit kleine gezinnen eenzelvig worden (...). Voor oudere jongens en meisjes van deze soort is een jeugdorganisatie vaak de beste oplossing.'

Moeder Rozenbroek kreeg zes kinderen, de familie Hermans zat met vier kinderen net buiten de gevarenzone, maar het scheelde niet veel. 'Waarom hebben wij maar zo weinig kinderen?' vroeg Dorine haar moeder ooit. Miskramen bleken het euvel te zijn.

De Baedeker vond het niet alleen normaal dat vrouwen tot in de puntjes zorg droegen voor een groot gezin, maar ook dat ze hun (schoon)ouders in huis namen. Met mildheid: 'Sommige bejaarden houden er ergerlijke gewoonten op na. Zij kuchen dag en nacht, zwerven 's morgens vroeg al door het huis en laten hun kunstgebit op een opvallende plaats liggen. Anderen praten onophoudelijk. Ouderen moeten zich niet verplicht hoeven voelen de jongeren voortdurend dankbaar te zijn: dankbaarheid is een kwalijke last. Vergeet een ding nooit: het gros van de bejaarden klaagt onophoudelijk, zij kunnen het evenmin laten als kinderen het ruziemaken. Het is een vorm van aandacht vragen die men met begrip tegemoet dient te komen.'

De enige klagers die niet met begrip tegemoet werden gekomen waren klagende vrouwen. *De Baedeker*-vrouwenarts had een hekel aan hen. 'Ik heb het persoonlijk niet begrepen op vrouwen die altijd en eeuwig klagen. De jonge moeder heeft last van haar rug; de vrouw van middelbare leeftijd heeft dagelijks hoofdpijn.'

Depressies bestonden nog niet; alleen 'vermoeidheid'. *De Baedeker* vond het aanstellerij, afgaand op het schampere commentaar: 'Zelfs vrouwen zonder kinderen verklaren mij doorlopend moe te zijn.'

Ook 's nachts had de huisvrouw het druk. Niet zozeer wegens huilende kinderen, want die belandden – zie boven – in de schuur, kelder of garage. Al dan niet gesedeerd met een scheutje alcohol. Wel vanwege de behoeften van hun man. Mannen werden in *De Baedeker* gepresenteerd als seksueel onverzadigbaar. Hetgeen op onze vaders ook een druk moet hebben gelegd. Vrouwen mochten hun avances nooit weigeren. Ook niet na een bevalling. Bij die laatste gebeurtenis hoorden mannen niet aanwezig te zijn, omdat hun seksuele belangstelling voor hun vrouw dan averij kon oplopen. (Daarnaast speelde de zorg dat ze flauw konden vallen een rol. En het feit dat ze in de weg liepen.) Het enige wat van mannen werd gevergd bij een geboorte was de kersverse moeder meteen te komen bezoeken. Aan die minimale eis voldeed niet eens iedereen, tot irritatie van *De Baedeker*-vrouwenarts. 'Ik heb weinig waardering voor mannen die hun eigen ongestoorde nachtrust belangijker vinden dan de gemoedsrust van hun vrouw, en mij aan de telefoon zeggen: "Wilt u mijn vrouw vertellen dat ik morgen op weg naar kantoor even langs kom."'
Na de bevalling diende de vrouw zo snel mogelijk weer beschikbaar te zijn in bed. 'Een vrouw dient in geen geval de behoeften van haar man uit het oog te verliezen, want deze ondergaan met het vaderschap geen wijziging,' aldus de vrouwenarts van *De Baedeker*: 'Het benauwt mij als jonge moeders verklaren: "Mijn man toont begrip, hij verlangt de laatste tijd niets van mij." Ik ben arts en weet dat dit geen natuurlijke stand van zaken is. Ik vrees dat de normale behoeften van de echtgenoot zich zullen doen gelden wanneer zijn vrouw niet aanwezig is, maar een ander wel.'
Dit soort dreigende taal bezigde *De Baedeker* voortdurend in

het – korte – hoofdstuk over seks. Citaat: 'Het sexuele leven in een huwelijk is even aantrekkelijk maar ook even gevaarlijk als een slingerende touwbrug boven een afgrond. Het is niet de man die bepaalt of de geslachtsdaad een zegen of een vloek voor de vrouw zal betekenen, maar zij zelf.' De gedetailleerde handleiding die de reeks op huishoudelijk vlak leverde ontbrak volledig.

De Baedeker legde de verantwoordelijkheid voor de kwaliteit van het echtelijk seksleven bij vrouwen. Zelfs in de wetenschap dat zij in hun jeugd geen seksuele voorlichting hadden gekregen. 'Vroeger vertelde men kinderen niets,' verklaarde *De Baedeker*. Dit terwijl de 'seksuele handeling moest worden geleerd'.

In een alinea wordt aandacht besteed aan seks met kinderen. Een bizarre alinea. Misschien speelde mee dat pedoseksualiteit bijna uitsluitend voorkomt bij mannen, die nou eenmaal verheven waren boven iedereen. *De Baedeker* adviseerde de vrouw: 'Voorvallen van deze aard spelen zich gewoonlijk af met een volwassene die het kind kent en vertrouwt; een buurman of familielid. Mocht uw kind het slachtoffer worden van een volwassene met een ziekelijke instelling, laat dan tot geen enkele prijs uw verontwaardiging blijken. Probeer het voorval te vergeten. Naar mijn ervaring is een diep geschokte moeder die het gebeurde maar niet van zich af kan zetten een groter gevaar dan het voorval zelf, dat het kind van nature snel vergeet.' Daar hield de alinea op.

Vrouwen die zo beperkt waren geïnformeerd wisten niet goed hoe ze hun kinderen moesten voorlichten. *De Baedeker* maakte hen ook op dit gebied niets wijzer. De encyclopedie waarschuwde alleen dat het vreselijk was kinderen

geen voorlichting te geven; maar ook om ze te veel te vertellen. De verantwoordelijkheid de juiste middenweg te vinden lag, alweer, bij de vrouw. Want: 'Het gaat hier over de dingen, die het kind het innigst met de moeder verbinden.'
De vrouw die haar kinderen niet voorlichtte, riskeerde volgens *De Baedeker* dat zij later überhaupt geen seksleven kregen. Pedagoog Daalder in *De Baedeker*: 'Elke verloskundige krijgt op gezette tijdstippen vrouwen op het spreekuur die al maanden en in sommige gevallen soms tien of twaalf jaar getrouwd zijn maar in feite nog maagd zijn.' Ook riskeerde de moeder de 'blijvende vijandschap' van haar kinderen als ze eenmaal volwassen waren. Daalder: 'Wordt later de onwetende volwassen mens eensklaps tegenover het gehele seksuele leven gezet, dan veroorzaakt dat een schok die gemakkelijk noodlottig voor de band met zijn ouders kan worden. "U wist het en u hebt me niet gewaarschuwd!" Het vertrouwen is weg.'
Maar hoe je dan moest voorlichten deed *De Baedeker* niet uit de doeken. Behalve dat de rol van de vader bij het verwekken van kinderen zo lang mogelijk buiten beschouwing moest blijven. 'Wie bij het voorlichten ontijdig verband legt tussen het wonder der geboorte en het raadsel der paring sticht heilloze verwarring.' In hoofdletters, met een groot uitroepteken: 'DIT IS DE FOUT WAAROP DE SEXUELE VOORLICHTING VAAK STRANDT!' Anderzijds: 'Het voornaamste laat zich niet vertellen doch slechts beleven.'
Het gebrek aan duidelijkheid leidde tot wonderlijke taferelen. De rebelse moeder van Dorine bleek op dit ene punt een kind van haar tijd. Ze nodigde Dorine op haar elfde uit voor een wandeling over de hei. Al bloemen plukkend vertelde ze dat kinderen ontstonden doordat 'het staartje' van meneren

stijf werd en dan kon het worden ingebracht in 'het gaatje' van mevrouwen, waar dan een zaadje uitkwam. Op Do's herhaaldelijke vraag waar dat gaatje dan zat, kwam haar moeder niet verder dan 'tussen de benen van een mevrouw'. Waarop Dorine vaststelde dat het een onzichtbaar gaatje ter hoogte van de knie moest betreffen, en dat de volgende jaren bleef denken. Vol afschuw vroeg ze: 'Maar dat hebben mevrouw en meneer Dievers toch niet gedaan?' Haar moeder moest haar teleurstellen: buurman en buurvrouw Dievers hadden twaalf kinderen. Tot Dorines opluchting zei haar moeder dat ze later alleen aan dit soort praktijken hoefde te doen als ze het zelf leuk vond (nooit, dacht Do).
Of onze beide moeders zich waar het de fysieke omgang met onze vaders betrof hielden aan de voorschriften van *De Baedeker* weten we gelukkig niet, en dat willen we ook niet weten. Ouders blijven ouders en kinderen blijven kinderen.
We hadden alleen zicht op het huishouden. Dat was zowel in huize Rozenbroek als in huize Hermans een chaos. Voor de omgeving was dat verwarrend, mede omdat onze beide vaders keurige heren waren, steunpilaren van de maatschappij.
Wat onze moeders gemeen hadden was dat ze waren opgegroeid met personeel, waardoor ze het huishouden nooit geleerd hadden. Voor de Tweede Wereldoorlog hoefde je geen miljonair te zijn om een staf te hebben, omdat personeel toen nog relatief goedkoop was. Dorines grootmoeder kwam alleen in de keuken om het menu samen te stellen, wat vervolgens door de kokkin werd gekookt. Slechts het zilver poetste ze zelf, terwijl de dienstmeisjes eerbiedig toekeken.

Na de oorlog werd personeel zo schaars en duur dat alleen de allerrijksten zich nog huishoudelijk personeel konden permitteren. Onze moeders moesten het zelf gaan doen. Dat bleek veel moeilijker te zijn dan ze dachten. Niet voor niets kwam er toen een explosie aan huishoudboeken als *De Baedeker* op de markt. Huishouden werd een wetenschap.
De meeste vrouwen met de achtergrond van onze moeders voegden zich. De moeders Rozenbroek en Hermans hoorden daar niet bij. Daarvoor waren ze te recalcitrant. Dat kan een genetische kwestie zijn geweest. Dorines grootmoeder was bijvoorbeeld de enige die geen Gouden kruis kreeg na haar eindexamen op een strenge meisjeskostschool in Vught (omdat ze in de gang had kopje gerold. Toen de strenge moeder-overste vroeg wat ze aan het doen was zei ze: 'Ik rol naar de klas, mère.').
Een blik op de diverse linnenkasten van onze moeders volstond om te zien hoe tegendraads ze waren. Een citaat uit *De Baedeker*-aflevering *Van vingerhoed tot strijkplank*: 'Voor iedere rechtgeaarde vrouw is de linnenkast een belangrijk en dierbaar bezit. Met veel zorg wordt zo'n kast ingeruimd met keurige stapeltjes.'
Wie in huize Hermans de linnenkast opende kreeg een lawine van lakens en kussenslopen over zich heen in opgerolde propjes. Het linnen van mevrouw Rozenbroek had een onbestemde kleur, omdat ze alles door elkaar waste: lakens en kussenslopen bij rode wollen truien, witte bloesjes en blauwe jurkjes. Op slechts dertig graden. Vanuit zuinigheidsoverwegingen, opgedaan in de oorlog. De bacillen in de handdoeken en de huishouddoekjes gedijden daarbij.
Vanuit dezelfde zuinigheid deed mevrouw Rozenbroek

twee jaar met een vaatdoekje zonder het ooit te wassen. Ze maakte er zowel het aanrecht mee schoon als de keukenvloer, de wc en het fornuis. Daar heeft Els een zekere smetvrees aan te danken. Dorines moeder liet het fornuis een eigen leven leiden. Sporen van vele maaltijden zwierven erop samen.

Over die maaltijden schreef *De Baedeker*: 'Iedere huisvrouw heeft ervoor te zorgen dat de maaltijd een van de hoogtepunten van de dag is. Niet alleen moet zij zorgen voor smakelijk en gezond voedsel, voor een sierlijk gedekte tafel, en goede tafelmanieren bij oud en jong, zij heeft ook de plicht de stemming op peil te houden. Er moet rust zijn, opwindende gesprekken (politiek! godsdienst!) dienen achterwege te blijven. Een genoeglijke conversatie kan de gerechten kruiden. Het zal de moeder zijn die hier de toon heeft aan te geven.'

Vier van de 25 *De Baedeker*-delen, bij elkaar zo'n vijfduizend bladzijden, leidden de huisvrouw minutieus door dit proces. Ze heetten: *De weg tot het hart*. Naar aanleiding van het gezegde: 'De liefde van de man gaat door de maag.'

Als dat laatste waar zou zijn, zouden onze vaders onze moeders hebben gehaat. Volgens Els kookte niemand zo vies als haar moeder. Mevrouw Rozenbroek serveerde haar gezin elke dag hetzelfde. Met als hoofdmoot taaie runderlapjes met jus. Die runderlapjes bereidde ze 's zondags voor de hele week. Het vers-gedeelte omvatte een krop sla met één hardgekookt ei en een scheut Calvé-slasaus. Slechts een keer per jaar, met Kerstmis, deed ze haar best iets anders op tafel te zetten. Tevoren was ze dagen niet te genieten.

De door *De Baedeker* voorgeschreven 'genoeglijke conversatie' strandde in huize Rozenbroek op ruzies die bij uitstek werden veroorzaakt door de door *De Baedeker* verboden onderwerpen politiek en godsdienst. Vader Rozenbroek was overtuigd CDA'er, moeder was de VVD nog te progressief, ze walgde zo van socialisten dat Els en haar broers en zusje zo gauw ze praten konden extreemlinks werden.

Dorine kan zich niet herinneren dat ze als kind ooit nietaangebrand eten kreeg. Als haar moeder zei: 'Vanavond eten we een heerlijke ovenschotel!' kromp het gezin in elkaar, omdat daarin kliekjes van weken her zaten. Ook hier speelde zuinigheid een rol. Wie de hongerwinter had meegemaakt gooide nooit meer een gram eten weg.

Als Dorines moeder nog minder geïnspireerd was, zette zij haar gezin knakworstjes, appelmoes en chips voor. Die chips deed ze tevoren even in de oven om het predicaat 'warme maaltijd' waar te maken. De maaltijden werden niet 'gekruid door een genoeglijke conversatie' omdat moeder Hermans de slappe lach kreeg als haar kinderen elkaar de tent uitvochten. Een elegant jurkje had ze zelden aan. Eerder regenlaarzen en een kloeke schort waarin ze bijvoorbeeld kippenvoer had gekocht bij de boeren in de omgeving. Ze hield vier kippen in de achtertuin. Reden waarom haar kleinkinderen haar later Bomma Kip zouden noemen.

Dorines vader, een typische studeerkamergeleerde, kauwde te midden van de heksenketel peinzend zijn chips om op enig moment onmerkbaar van tafel te schuiven en naar zijn werkkamer te verdwijnen. 's Avonds zat hij in de huiskamer onder de schemerlamp sereen ingewikkelde boeken te lezen, in een soort afgesloten universum. Om hem

heen leek het alsof de Titanic net was vergaan, in een zee vol met speelgoed, neergegooide kleren, opengeslagen boeken, huiswerk van de kinderen, niet gestopte sokken. Opruimen vond moeder Hermans zonde van de tijd, het werd toch meteen weer rommelig. De chaos in huize Hermans was even legendarisch als de gezelligheid.
Bij Els' moeder was het beneden nog wel een beetje netjes, maar zij verplaatste de rommel naar een verdieping hoger, waar het gezin zich kruip-door sluip-door een weg moest banen.
Opmerkelijk genoeg kwamen onze vaders, de 'hoofden van de echtvereniging' niet in opstand. Ze wisten waarschijnlijk dat het geen zin had, hun vrouwen kennende. Bovendien hadden ze weinig keus. Het waren geen boemannen die hun gezin in de steek lieten. Zo werden gescheiden mannen gezien, omdat gescheiden vrouwen vervielen tot de status van paria.
Het hielp dat onze moeders hun echtgenoot met respect behandelden. Dat was voor zover wij konden overzien het enige aspect waarin zij voldeden aan de normen van *De Baedeker*. Ze hadden dan niet van vroeger meegekregen hoe ze het huishouden moesten doen, maar wel dat hun man eerbied verdiende. Dat ze hem niet voorzagen van een geoliede thuisomgeving, wilde niet zeggen dat ze hem niet hoog achtten.
Voor Els' moeder was het een erekwestie haar man te verwennen. Als hij thuiskwam van zijn werk deed zij haar schort af en siste haar kinderen toe dat ze stil moesten zijn, omdat hun vader de hele dag hard had gewerkt. Haar man moest het niet wagen iets in het huishouden te doen. Als hij een kopje naar de keuken bracht, werd ze al boos. Af en

toe kocht ze iets heel lekker voor hem: een peer. Als toetje. De kinderen keken jaloers toe hoe hij hem opat. Toen hij dochter Els een keer stiekem een stukje gaf, draaide dat bijna op een scheiding uit.
Els en haar zusjes moesten meehelpen in het huishouden, haar broers niet, die moesten huiswerk maken opdat zij later de kost konden verdienen. Dorines moeder, tien jaar jonger dan die van Els, vond in theorie dat Dorines broers wel moesten helpen met afwassen. In de praktijk kwam daar net zo weinig van terecht als van de rest van haar huishoudelijke intenties. Het rolmodel van Dorines broers was een vader die zich op een eilandje door het huis bewoog, en die van zijn echtgenote niets anders hoefde te doen dan achter de boeken zitten. Moeder Hermans vond haar man enorm knap, niet alleen uiterlijk. Ze had groot ontzag voor zijn werk. Al plaagde ze hem er ook wel mee. Toen hij haar als piepjonge ambtenaar trots zijn eerste salaris, vierhonderd gulden, overhandigde, gooide ze die jolig het raam uit. Ze had tevoren gekeken of er niemand op straat liep, maar dat wist Dorines vader niet. Tevreden vertelde ze later: 'Hij is nog nooit zo snel een trap afgerend.'
Dorines vader lachte bulderend mee bij de herinnering. Hiermee komen we bij de derde reden dat onze beide vaders de vrijgevochtenheid van onze moeders tolereerden: ze waren supergeestig. En slim en charmant. Dorines intens geliefde moeder was zo warm als een kacheltje. Als bevriende ouderparen onverhoopt verongelukt waren had Dorine wel twintig nieuwe broers en zusjes gekregen. Omdat al hun kinderen tante Margrietje als voogd kozen. 'Ik ben gelukkig geworden sinds ik je moeder ontmoette,' zei Dorines vader ooit. 'En ik wil geen dag langer leven dan zij.'

Die wens is in vervulling gegaan: Dorines moeder stierf eind augustus 2016, een jaar na haar man.
Terwijl onze moeders het huishouden (niet) deden, en onze vaders werkten, speelde ons leven zich geheel gescheiden van volwassenen af. Onze moeders waren wel altijd thuis, dat gaf een veilig gevoel. Die van Dorine scharrelde gezellig bij haar kippen, en die van Els zat te lezen op de bank. Intussen hadden we een heerlijke jeugd met kinderen onder elkaar. Een jeugd waarin van alles gebeurde dat deskundigen van nu geschokt zouden afkeuren.
Zo leefden veel kinderen thuis in een blauwe rookwalm. Vaders rookten sigaren, moeders sigaretten. Al onze generatiegenoten herinneren zich autotochten waarbij de walm zo dicht werd dat ze vroegen of het raampje open mocht, waarop de volwassenen zeiden: 'Nee, dat is te koud.'
Van insmeren tegen de zon had nog nooit iemand gehoord, terwijl we in de zomer zo'n beetje woonden in het zwembad. We verbrandden levend. Als het te erg werd deden onze moeders er 's avonds een likje Nivea op.
Het verkeer op weg naar school moesten we vanaf ons zesde alleen het hoofd bieden. We werden slechts eenmaal gebracht: de allereerste schooldag op de lagere school. Daarna gingen we in gezelschap van de buurtkinderen. Vier keer per dag, want tussen de middag aten we thuis. Overblijven bestond nog niet.
Onze ouders voeren blind op onze onderwijzers. Ze waren blij als die ons straf gaven, dan hoefden zij het niet te doen. Of de onderwijzers in kwestie capabel waren, wisten onze ouders niet, want ze zagen hen zelden of nooit.
Op school leerden we vooral met de armen over elkaar zitten. We hadden bankjes met inktpotjes en leerden schrij-

ven met een kroontjespen. Als je de pech had linkshandig te zijn, werd lichamelijk geweld niet geschuwd om je om te turnen. Onderwijzers bonden dan bijvoorbeeld je linkerhand op je rug.
Na school hadden slechts weinigen muziek-, sport of dansles. We speelden de hele dag op straat, met als enige attributen een bal (om mee te voetballen of te trefballen), een touw (om touwtje te springen), een elastiek (om te elastieken), krijt (om te hinkelen) en knikkers. Die spullen kregen we op onze verjaardag of van Sinterklaas, verder kreeg je geen cadeautjes.
Na school kregen we thee met een mariakaakje. Op zondag kregen we ranja. Dan gingen we ook naar de kerk. Waar we door de koster uit werden gezet omdat we de slappe lach hadden.
Zo kabbelde het leven voort in ons jarenvijftiggehuchtje. En nu groeien kinderen dus op in een metropool.

Boordevol kruispunten en pijlsnelle auto's. Door de welvaart en de technische mogelijkheden moet iedereen de hele dag keuzes maken over wat dan ook. Als je niet gelukkig bent, kies je verkeerd, want de rest van de wereld is het wel, gemeten naar de schijnwereld van Facebook en Instagram. Iedereen kan en moet zich ontplooien, volgens het motto: *Work hard, play hard*. Bij tweejarigen liggen gameverslavingen al op de loer, de meesten zijn online vanaf hun derde. Kleuters krijgen IQ-tests. Ze moeten het goed doen op school, en op muziek-, dans- en sportles. Schoolkinderen weten alles van seks, en vanaf hun puberteit staan ze bloot aan groepsdruk om die theorie ongelimiteerd in praktijk te brengen. Het wereldnieuws komt permanent binnen. Er is geen god meer die

iedereen de zin van het leven op een presenteerblaadje aanbiedt. Of een verkeerde god, waardoor ouders hun kinderen moeten waarschuwen voor terroristische aanslagen.
En dan krijgen ze ook nog eens de verantwoordelijkheid voor het geluk van hun kinderen toebedeeld. Met ingrijpende gevolgen. Zo slordig als onze ouders opvoedden, zo perfectionistisch opereren hun kleinkinderen. Dat begint al voor de geboorte van het kind. Er wordt een bevallingscursus gevolgd, geen druppel alcohol gedronken, geen kruimel blauwe kaas gegeten, laat staan een sigaret gerookt. Na de geboorte moet de borstvoeding lukken want flessenkinderen zijn sowieso verloren. Over wel of niet vaccineren worden op internetsites hele oorlogen uitgevochten. Kinderen worden in de zomer zes keer per dag ingesmeerd met factor dertig. Leerkrachten moeten onderhandelen met ouders die zich druk maken om elk stapje dat hun kind op school zet. O wee als er een vmbo-advies dreigt, dan wordt onmiddellijk een peloton hulpverleners ingezet. Zelfs een simpele verjaardagtraktatie is een bron van stress.
Wij zijn geboren op een snijvlak tussen de twee opvoedtijdvakken. Zo kennen we twee haaks op elkaar staande opvoedmethodes van nabij. Onze eigen stijl werd een mengelmoesje. Gekruid doordat onze kinderen in moderne gezinssituaties zijn geboren: Dorine kreeg haar kinderen Alix (1994) en Bruno (1996) met een vrouw. Els werd in 1983 moeder van zoon Thijs die ze in haar eentje grootbracht.
We stopten onze kinderen niet in het kolenhok, maar we zeiden wel: ‘Omdat ik het zeg’ als ze ongehoorzaam waren. Want dat zeiden onze ouders. We voelden de plicht onze kinderen gelukkig te maken, omdat we ze zo gepland hadden,

maar we kwamen niet op de gedachte hun beste vriend(in) te willen zijn, zoals sommige ouders nu beogen. We bevelen niet aan om kinderen in een rookwalm op te voeden, ze onbeschermd in de zon te laten, ze alleen naar school te laten gaan, hun handjes op hun rug te binden als ze linkshandig zijn. Maar we vinden wel dat ouders moeten relativeren.
Er leiden veel wegen naar Rome. We hopen dat u onze tips geïnteresseerd leest, maar wel uw eigen koers vaart. Gebruik uw gezonde verstand, want u weet meer dan u denkt. Het belangrijkste is dat u overeind blijft in de opvoedjungle.
Als u de weg kwijt bent, denkt u aan Miep Rozenbroek en Marguerite Hermans, dan vindt u vanzelf uw innerlijk kompas.

Haarlem, augustus 2017
Dorine Hermans en Els Rozenbroek

BABY'S, PEUTERS & KLEUTERS

Als het een beetje tegenzat, baarden moeders halverwege de vorige eeuw elk jaar een kind, deden ze de was op de hand en hadden ze ook nog een stokoude schoonmoeder in huis die haar gebit overal liet slingeren. Gelukkig waren er ook lichtpuntjes in hun duistere bestaan: geen dreumes die het in zijn hoofd haalde uit de box te klimmen, geen peuter die schuimbekkend op straat ging liggen, geen schoolkind dat fuck zei tegen de juf.

Zestig jaar later hebben ouders problemen waar hun grootouders zich niets bij kunnen voorstellen. Van baby's die hele nachten huilen tot peuters die met eten smijten en kleuters die weigeren zonder speen te leven.

EN MAAR HUILEN, DE HELE NACHT

Onze zoon van zes maanden huilt de hele nacht – het is eigenlijk krijsen. Slapen doen mijn man en ik alleen nog maar om de beurt, verder troosten we hem. Inmiddels zijn we totaal uitgeput en hebben we steeds vaker ruzie. De huisarts denkt dat onze zoon zoveel huilt doordat hij onze stress voelt. Vrienden strooien met wijze raad waardoor ik het gevoel krijg dat zij stiekem denken dat wij iets verkeerd doen.

Tante Do had een voorbeeldige baby die sliep als een roos terwijl het kind van haar vriendin altijd huilde. Laat mij dit varkentje maar wassen, dacht Do. Ze vroeg de probleembaby een weekend te logeren. 's Avonds zong ze voor het meisje, en deed een rustig dansje met het kind in haar armen. Ze had het altijd aan haar superieure zang- en danskwaliteiten toegeschreven dat haar eigen dochter bij deze behandeling pijlsnel in slaap viel. Maar de baby van haar vrienden zette het juist extra op een gillen. Na twee doorwaakte nachten had Do een minder grote mond en een diep ontzag voor haar vrienden.

Voel u niet schuldig. U hebt gewoon pech. Als u alle medische wegen hebt bewandeld, resten u drie mogelijkheden.

De eerste: onmiddellijk aan komen snellen bij het eerste huiltje. De tweede: niet meteen ingrijpen, maar de baby een poos laten huilen om hem te ontmoedigen (dan zult u zeker wakker liggen: het gehuil van een baby schijnt voor jonge ouders gelijk te staan aan dat van een motorzaag). De derde: het kind in de verste hoek van het huis leggen en oordopjes indoen.
Voor u optie drie verwerpt, bedenk dat een beetje huilbaby zich nauwelijks laat troosten. Als u hem permanent troost betekent dat een ernstig slaaptekort. De baby kan overdag bijslapen, maar dat geldt niet voor u en uw partner. Het kind eerst een tijd laten huilen voordat u het troost, bevordert de zaak ook niet. De boodschap aan de kleine is: als ik maar lang genoeg huil komen ze toch, dus ik gooi er nog een schepje bovenop.
Mensen kunnen gek worden van slaapgebrek. Depressief, suïcidaal, overgaan tot kindermishandeling. **Tante Do's buurvrouw Hupperts (90), die negen kinderen kreeg, waarvan er drie huilbaby's waren, loste het wel heel rigoureus op. Hun ledikantje zette ze 's nachts in de garage. Na een week was het nachtelijk gehuil afgelopen en mochten ze weer in huis slapen.**
Wij zoeken graag de middenweg tussen vroeger en nu. Bedenk: de vrienden van tante Do hebben anderhalf jaar niet geslapen door hun huilende hartenlapje. Daarna gingen ze uitgeput uit elkaar. Als hun dochter, nu achttien, had mogen kiezen was ze vast liever als baby zo af en toe een nachtje naar de garage verbannen dan opgegroeid met gescheiden ouders.

DRIE JAAR, DAN BEN JE TOCH VEEL TE JONG VOOR SEKSUELE VOORLICHTING

Toen mijn dochtertje thuiskwam van een logeerpartij bij haar kleine neefje, wilde ze weten waarom zij geen piemeltje heeft. Ze is drie jaar, dat lijkt me een beetje jong voor seksuele voorlichting of moet ik daar nu al mee beginnen?

Jazeker. In haar tempo. Vertel haar wat ze weten wil en niet meer dan dat. Waarschijnlijk is ze voorlopig tevreden met het antwoord dat er jongens en meisjes zijn en dat jongetjes een piemeltje hebben. Op enig moment in de toekomst informeert ze: waar kom ik vandaan? (Antwoord: uit mama's buik.) Vroeger of later vraagt ze zich af: hoe kwam ik uit die buik? (Dan licht u de functie van het geboortekanaal toe.) En ooit komt de hamvraag: hoe kwam ik in de buik? Dan pas doet u de daad uit de doeken.
Gebruik duidelijke bewoordingen, anders dan Do's moeder indertijd. **Het heeft lang geduurd voordat Do begreep dat 'het gaatje tussen de benen van een mevrouw' niet een voor het oog onzichtbaar gaatje ter hoogte van de knieholte was, maar de vagina.**
Tip: er zijn heel leuke voorlichtingsboekjes voor kinderen, bijvoorbeeld *Het vrolijke vaginaboekje* en *Het kleine piemelboek*.

DE PEUTERSSPEELZAAL IS HEEL ERG ENG

Mijn zoontje van 2,5 jaar huilt hartverscheurend als ik hem naar de peuterspeelzaal breng waar hij sinds kort naartoe gaat. Hij verkondigt tegen iedereen die het maar wil horen dat hij het echt niet leuk vindt op school, heel eng zelfs. Zijn juf beweert dat hij de hele ochtend vrolijk speelt. Lieve tantes, mijn moederhart bloedt. Wat moet ik nu doen? Hem van school halen? Of twee keer per week zijn klemmende vingertjes van mijn arm peuteren?

Twee ochtenden per week, zegt u? **Dat is natuurlijk te kort voor een 2,5-jarige, weten de tantes (het is fijn alles te weten).** Wie jonger is dan vier jaar is na vier, vijf dagen vergeten wat die peuterspeelzaal ook alweer inhoudt. Die moet dus elke week opnieuw wennen. Daarom hebben sommige peuterspeelzalen als regel dat kinderen niet minder dan drie dagen mogen komen, zorgvuldig gespreid over de week.
Alles in het leven draait om de dosis. U hebt twee opties: of u houdt uw zoontje thuis, of u stuurt hem vaker naar de peuterspeelzaal. Zodat het de gewoonste zaak van de wereld voor hem wordt, en hij zich met plezier in het gewoel van zijn leeftijdgenoten stort.

PS U moet vertrouwen op de informatie van de juf – liegende peuterjuffen maak je niet vaak mee. Als u vals wilt spelen kunt u een vriendin vragen tussentijds door het raam te kijken of het klopt. Wij weten het antwoord (omdat wij alles weten, zie boven).

ZE KRIJST DE HELE WERELD BIJ ELKAAR

Mijn vierjarige dochter is een temperamentvol kind. Als iets haar niet bevalt, mag de hele wereld het weten. Haar driftbuien zijn verschrikkelijk. Ik kan zeggen wat ik wil, ze blijft gillen.

Do's buurvrouw, de wijze mevrouw Hupperts (90), begrijpt het probleem niet. Als een van haar negen kinderen zoiets deed, sleurde ze het mee naar zolder en deed de deur op slot. Dan was het meteen afgelopen.
Het voelt als heiligschennis, maar de tantes zijn het voor deze ene keer niet eens met de oude dame. Alleen al omdat wij beiden claustrofobisch zijn.
Voor u straffe maatregelen neemt moet u op zijn minst proberen uit te vogelen of uw dochter misschien ergens bang voor is. Luister naar uw instinct. Ze is nog te klein om geraffineerd te zijn. Maar! Als ze gewoon gefrustreerd is omdat ze niet krijgt wat ze wil, een lolly bijvoorbeeld, dan moet u een levenswijsheid van de bejaarde wijsgeer Mick Jagger overbrengen: *you can't always get what you want.* **Dat doet u door bijvoorbeeld mee te gillen. Maar dan luider. (Licht tevoren de buren in.) Ga naast uw driftkop op de grond liggen spartelen en krijs: 'Ik wil ook een lolly!! Ik wil honderd lollies!'** Als ze van verbazing stopt met huilen zegt u: 'Schatje, we kunnen niet altijd krijgen wat we willen.' Reken maar dat ze dat snapt. De tantes noemen dit 'creatieve therapie'. En we bijten nog liever onze tong af dan het aan mevrouw Hupperts te vertellen.

MIJN ZOON HEEFT GEEN VRIENDJES OMDAT HIJ EEN BEETJE RAAR IS

Hij is een beetje raar, mijn lieve, bijzondere, slimme zoon van vijf. Hij heeft geen voelsprieten, denk ik weleens. Hij heeft gewoon geen idee hoe hij vriendjes moet maken. Hoe graag hij het ook wil, niemand wil met hem spelen.

Ons hart breekt als we dit lezen, het uwe vast nog meer. **Maar dat gevoel moet u opzijzetten, uw zoon heeft er niks aan. Maak het thuis oergezellig. Geef het wurm veel warme chocolademelk en alles wat daarvoor staat.** Misschien helpt het u te bedenken dat veel bijzondere mensen in hun jeugd buiten de groep vielen. Om een wereldster te worden lijkt het bijna een vereiste. Het was kommer en kwel bij de kleine Justin Timberlake, Sandra Bullock en Jennifer Lawrence. (Die laatste werd door klasgenootjes gedwongen uitnodigingen rond te brengen voor een feestje waar ze zelf niet mocht komen.) Dat uw zoon nu geen vriendjes heeft, zegt niet dat hij de rest van zijn leven in een isolement zal doorbrengen. 'Panta Rei,' zei de Griekse filosoof Heraclitus, ofwel: 'Alles stroomt.'
Maar goed, intussen zit u bij uw chocomel met een eenzaam kind. Vaak heeft zo'n kleine outcast een probleem met het herkennen van grenzen. Wanneer laat je anderen over je heen lopen, wanneer verzet je je, en hoe vind je de gulden middenweg? Om dat te leren heb je oefenmateriaal nodig, maar dat is nou juist niet voorhanden, want niemand wil komen spelen.
Marieke, een vriendin van de tantes, loste dit probleem ja-

ren geleden op middels een vurig pleidooi op de klassenavond. Ze vertelde dat haar zoontje Bas niet wist hoe hij vriendjes moest maken. Maar dat hij slim genoeg was om het te leren. Of ze hun kinderen wilden doorgeven dat Bas leuke vliegtuigjes had, en dat zij goeie chocomel maakte. Het was even stil na haar woorden; iedereen voelde met haar mee. Mensen kunnen heel lief zijn voor elkaar. De volgende dag stond Wierd, een kleine techneut, met zijn moeder op de stoep bij Bas. Onder Mariekes begeleiding werden Bas en Wierd vrienden voor het leven. Ze studeren nu beiden aan de Technische Hogeschool in Delft, waar ze geregeld samen chocomel drinken. En daarna een biertje.

HIJ TIRANNISEERT ZIJN BABYBROERTJE

Onze oudste is twee jaar en negen maanden en tiranniseert zijn babybroertje van net een jaar. Hij pakt zijn speelgoed af, duwt, schopt, slaat of bedreigt hem met gebalde vuisten. Ook als zijn broertje lekker aan het spelen is, kan hij het niet laten zich ermee te bemoeien. Ik ben consequent, nee is nee en soms geef ik hem een pak voor de broek. Dat laatste helpt wel een beetje, maar ik wil dat helemaal niet. Tantes, hebben jullie goede raad?

Stel: uw man neemt een tweede vrouw. En eist opgewekt van u dat u dat leuk vindt. Hij geeft die tweede vrouw ook nog meer aandacht dan u. 'Dat heeft ze nodig,' zegt hij. Hoe zou u reageren?

Wij begrijpen goed dat uw jaloerse zoontje – want jaloers is hij – u tot razernij drijft. En dat u aan het eind van uw Latijn bent. Het nare is dat u daardoor zijn leuke kanten niet meer ziet. Voor u is de lol met hem eraf, en dat voelt hij. Terwijl hij juist bevestigd wil zien dat u nog steeds van hem houdt. Uw zoon kan niet weg. Hij heeft u veel te veel nodig. Zijn frustraties groeien omgekeerd evenredig. Daarom pakt hij zijn rivaal aan. Zo kan hij zijn frustraties kwijt, en bent u even exclusief met hem bezig.

Een vriendin van tante Els had hetzelfde probleem. Als ze even niet oplette sloeg haar zoon van twee zijn babyzusje tot moes. Zij en haar man schakelden uiteindelijk het opvoedbureau in. Daarop kregen ze een camera in huis om de huiselijke scènes vast te leggen. Eenmaal per week analyseerden ze de beelden met een opvoedkundige. Daarna gooiden ze het roer om. Als hun zoon zijn zus molesteerde, 'beloonden' ze hem niet meer met boosheid; ze legden hem uit dat het niet mocht. Maar! Als hij lief voor zijn zusje was! Al gaf hij maar iets wat leek op een aaitje, prezen ze hem de hemel in. Ze spraken ook vaak hun bewondering uit voor het feit dat hun zoon zoveel meer kon dan zijn zusje: Lopen! Zingen! Met lego spelen! Wat knap allemaal! Haar zoon kreeg bijna medelijden met zijn zielige rivaaltje.

Intussen gingen ze om de beurt iets gezelligs met hem doen. Helemaal alleen met hem. Als mama de baby voedde, las papa hem voor. Als papa de baby verschoonde, ging mama met haar oudste voetballen. Algauw werd hun zoon weer zijn leuke, lieve zelf. Hun kinderen werden uiteindelijk twee handen op een buik.

U kunt dat hele opvoedbureau overslaan, want u hebt de tantes. Een van onze mantra's is: met stroop vang je meer vliegen dan met azijn. Knoop die in uw oren en alles komt goed.

IK KAN NIET EENS NAAR DE WC

Ik kan niet eens naar de wc zonder dat mijn dochter van veertien maanden hartverscheurend begint te huilen. Ze was de makkelijkste baby denkbaar, maar nu is ze verschrikkelijk eenkennig. Ik voel me schuldig als ik naar mijn werk ga – ik werk parttime als secretaresse. Dan moet ik haar achterlaten bij de oppas, en hoe lief die ook is, mijn kind snikt het uit als ik de deur uit stap.

Baby's begrijpen tot ze een maand of acht zijn dat iedere volwassene potentieel kan voldoen aan hun behoeften: eten, drinken en troosten. Daarna vinden ze opeens dat de mensen die ze het vaakst zien, daar beter in zijn dan anderen. En dat die mensen in hun zicht moeten blijven. Als ik mama niet zie, bestaat ze niet, denken ze. Daarom willen ze als Siamese tweeling met haar door het leven. In Afrika lossen moeders dat op door hen op hun rug te binden. In uw functie zal uw baas dat niet waarderen.
Geloof de tantes: het komt goed. Uw dochter zit in de hechtingsfase, waarin ze gaat leren dat u nog steeds bestaat als ze u niet kunt zien. En dat u altijd weer terugkomt. Dat gaat proefondervindelijk en het neemt even tijd in beslag. Be-

langrijk is dat u nooit zomaar wegglipt als u haar achterlaat. *Partir a l'anglaise* – een feest stiekem verlaten om de gastheer in de waan te laten dat u er nog bent – is uit den boze. Dan heeft uw dochter geen minuut rust omdat ze voortdurend moet checken of u er nog bent. Neem duidelijk afscheid, vertel wat u gaat doen en dat mama altijd weer terugkomt. Als ze het principe eenmaal doorheeft, kan ze haar aandacht verleggen naar de blokken.
Een ding: barst niet zelf in tranen uit bij het afscheid, zoals tante Do ooit deed toen ze haar eenkennige dochter achterliet op de crèche. Het bracht een kettingreactie van huilende peuters teweeg, waarop de crècheleidster Do met zachte hand de deur uit zette.

MIJN ZUS VINDT HET BELACHELIJK: ZO'N GROOT KIND MET EEN SPEEN

Mijn dochter van drie gebruikt nog steeds een speen als ze moe is of troost nodig heeft. Ik zie daar geen probleem in, maar mijn zus vindt het belachelijk. Ze wijst erop dat het slecht is voor mijn dochters gebit en dat het een raar gezicht is: zo'n groot kind met een speen in haar mond.

U bevindt zich in goed gezelschap. Harper Beckham, de dochter van Victoria en David Beckham, sabbelde als vierjarige nog op een speen. Dat bracht de Britse *Daily Mail* op 10 augustus 2015 naar buiten, met een foto van Harper in een schattig jurkje met *matching* speentje als bewijs. Op so-

cial media barstte een wereldwijde discussie los. Tegenstanders vreesden dat Harpers tanden scheef zouden groeien en dat ze spraakgebreken zou krijgen. Ook vonden ze het raar staan: een kleuter met een speen. David Beckham sloeg schuimbekkend terug op Instagram (beroemdheden kunnen prima tegen adoratie, maar kritiek ligt moeilijker). De verontwaardigde vader schreef: 'Waarom denken ouders dat ze het recht hebben een andere ouder te bekritiseren zonder dat ze de feiten kennen? Iedereen die kinderen heeft kent trucjes om hen te troosten als ze zich niet lekker voelen of koorts hebben. Bij mijn dochter is dat een speen. De mensen moeten twee keer nadenken voor ze mij durven te bekritiseren als ouder.'
De tantes buigen deemoedig het hoofd bij deze uitval van de ex-profvoetballer. Ondanks enkele bedenkingen tegen spenen zeggen wij daarom: leer de woorden van David Beckham uit uw hoofd en citeer ze aan uw zusje.

IK KAN HEM TOCH NIET VASTBINDEN?

Mijn zoon van veertien maanden is een weglopertje. Hij kon met acht maanden al lopen, is pijlsnel en wurmt zich als het even kan uit zijn buggy. Als ik een seconde ben afgeleid ben ik hem kwijt. Vorige week rende hij de supermarkt uit terwijl ik afrekende. Een mevrouw viste hem op bij een kade terwijl ik de andere kant op rende. Ik heb drie nachten niet geslapen. Van boze woorden is hij niet onder de indruk.

De tantes legden uw vraag voor aan Do's buurvrouw mevrouw Hupperts (90). 'Heeft die mevrouw een boom in de buurt?' laat zij vragen. 'Ik bond mijn weglopertjes altijd vast, met wat speeltjes. Pas als ze heel goed naar me luisterden mochten ze los in de tuin spelen.'
Er is geen moderne pedagoog te vinden die dit inzicht deelt. Maar misschien zegt dat niet alles. Er worden al honderdduizenden jaren kinderen opgevoed zonder hulp van moderne pedagogen.
Hoe dan ook, u kunt uw zoon beter niet aan een boom binden; dan belt elke voorbijganger ongerust de politie. Maar een buggy kan ook dienstdoen als boom. Daarmee kunt u uw kind trainen alsof het een puppy is. In veilige ruimtes zonder verkeer. U begint op een kale binnenplaats zonder prikkels, in een later stadium gaat u naar de speeltuin. U laat uw zoontje een tijdje loslopen. Dan roept u hem terug. Als hij komt, prijst u hem de hemel in. Als hij niet komt, pakt u hem op en zet u hem onmiddellijk, echt onmiddellijk, in de buggy. *Frappez, frappez toujours*, zoals de Fransen zeggen.
Op deze manier legt u een nieuwe verbinding aan in het peuterbreintje, dat nog wemelt van de lege plekken. De link: 'Hoera, daar is het avontuur, ik ga eropaf' wordt vervangen door: 'Hoera, daar is het avontuur! Het heeft geen zin eropaf te gaan als mama het niet goed vindt, want dan zit ik meteen in de buggy. Maar als ik gehoorzaam ben heb ik een kans.'
Tante Do keek laatst bij de bagageband op Schiphol bewonderend naar een populaire zanger wiens kleine kinderen zoet bij hem in de buurt bleven spelen, terwijl hij naar de koffers tuurde. Hij had niet eens een buggy bij zich. Die

man heeft vast een grote tuin met veel bomen, mijmerde ze onwillekeurig.

EN DAN GAAT ZE MET HET ETEN SMIJTEN

Mijn dochtertje is anderhalf. Sinds kort wil zij alleen eten. Dat kan ze goed, maar als ze genoeg heeft gehad gooit ze alles op de grond. Ze test me uit, wacht tot ik even niet kijk. Negeren helpt niet, nee zeggen ook niet. In dat laatste geval slaat ze me in mijn gezicht.

Wat een leuk probleem! Geniet ervan! Met lieve meisjes dempen we de gracht. Meisjespeuters zijn bijna altijd stouter dan jongetjespeuters. Die zitten zoet hun moeder te adoreren en worden het liefst gevoerd en aangekleed tot hun twintigste. Helaas gaan meisjes op enig moment een inhaalslag maken qua aangepastheid; dan worden ze braaf en onzeker. Wedden dat u ooit heimwee krijgt naar haar onbekommerde geplaag?
Intussen wordt alles wel heel vies als je met eten gooit. Dat willen we allemaal wel, maar wie maakt het behang schoon? Splits het vraagstuk. Maak het opvoeden overzichtelijk. Ofwel: *pick your battles*. Bij opvoeden is het trekken van grenzen essentieel, maar beter een grens goed getrokken dan meerdere half. Het gooien met eten voorkomt u door haar bord pijlsnel te vervangen door plastic blokken zodra ze is uitgegeten. Dat spaart energie. Kijk stralend toe hoe ze zich uitleeft, trots op haar pittige karakter. Pas als ze u slaat moet u uw blijdschap even bedwingen. U pakt streng maar

met humor – uw dochter heeft vast gevoel voor humor – haar handje vast en zegt à la premier Rutte: 'Slaan. Mag. Nooit.' Dat zet u haar in de box. Het is net puppytraining: actie is reactie. Kijk maar eens naar *Fikkie TV* van Martin Gaus. Ook al zijn honden voorlopig iets slimmer dan uw dochter, ze zitten op het niveau van een tweejarige. Maar uw dochter is zo bijdehand, die krijgt het principe vast snel onder haar knietje.

MIJN DOCHTER LIJKT WEL EEN JONGEN

Toen ik zwanger was, verheugde ik me zo op een meisje met wie ik lekker kan tutten. Nou, inmiddels is mijn dochter zeven jaar en ze weigert zelfs maar naar een jurk of haarspeldje te kijken. Ze heeft kort haar en gaat verkleed als Superman naar prinsessenpartijtjes.

Het klinkt alsof u een kleine tomboy hebt gebaard. Zoals onder anderen Linda de Mol. Zij beschreef ooit in *LINDA.* dat haar dochter Noa in een raar kikkerpak ronddartelde terwijl haar vriendinnetjes in roze prinsessenjurkjes paradeerden en veel beter voetbalde dan haar oudere broertje. Inmiddels heeft Noa het vwo-diploma, draagt ze af en toe een jurkje, heeft ze lang haar en speelt ze hockey op hoog niveau.

In een grijs verleden was Do overblijfjuf van de kleine Maartje die zich Maarten noemde, eiste dat de kapper hem voorzag van stekelhaartjes en uitsluitend buiten speelde met de jongens. Laatst liep Do Maartjes moeder tegen het lijf. Naast haar liep een een wulpse jongedame op naaldhakken. Do vroeg hoe het met Maarten ging. 'Goed,' zei de jongedame. 'Ik heet nu weer Maartje.'

Dit zegt allemaal niets, misschien blijft uw dochter een tomboy. Pittig en stoer, en daarmee behorend tot onze favoriete mensensoort, maar dat terzijde. U rept niet van vermoedens dat uw dochter transgender is. Terwijl ouders daar goede voelhoorns voor hebben. Licht ons in als dat wel het geval is, want dat gegeven heeft zo zijn eigen complicaties. Nu zeggen wij: geniet van dit geweldige kind dat de kracht heeft tegen de stroom in te roeien, en roei blij met haar mee. Miljoenen ouders op deze wereld zouden dolgraag met u van probleem ruilen. U hebt maar één leven. U mist zoveel als u streeft naar een of ander ideaalbeeld.

HYSTERISCH ALS WE ZIJN NAGELS KNIPPEN

Het is vanaf dag één bijna onmogelijk de teennagels van mijn zoon (5) te knippen. Mijn man en ik hebben echt van alles geprobeerd. Eerst douchen (nagels zachter dus gemakkelijker), rustig uitleggen, minder rustig uitleggen, cadeautje als beloning, boos worden. Maar zodra mijn zoon het woord 'nagelknippen' hoort, is het al mis. Dan zet hij het op een hysterisch huilen. We weten niet meer wat te doen. We knippen al zo min mogelijk, maar soms moet het gewoon.

In de jaren vijftig zouden de ouders van de tantes deze vraag lachend beantwoord hebben: houd dat kind gewoon in de houdgreep. Inmiddels hebben wij geleerd dat dat trauma's veroorzaakt, dus dat kunnen we niet meer aanbevelen. Als u uw zoon nou eens voorstelt twee nagels per dag te knippen? Dan bent u in tien dagen klaar.
En hebt u al geprobeerd zijn nagels te vijlen? Dat vindt hij misschien minder eng. Anders zou u het eens in zijn allerdiepste slaap kunnen proberen, zo'n beetje rond middernacht. Vlak voor het onderdekken laat u hem douchen of badderen, zodat hij lekker rozig is en de nageltjes wat zachter zijn. **Onze ouders zouden hier alweer iets doen wat u niet moet doen: hem warme melk geven met een scheutje brandewijn.** Op het moment suprême gaat u pijlsnel te werk. Als ook dat niet lukt, gaat u naar de huisarts als de nagels veel te lang worden. Die zal vaker met dit bijltje hebben gehakt. Misschien geeft hij uw kind een licht roesje als alternatief voor de brandewijn. Nogmaals: jammer voor u dat u niet in de jaren vijftig leeft.

TWEE JAAR EN NU AL DE BAAS IN HUIS

Onze zoon van 2,5 is een pittige peuter. De laatste tijd slaat/schopt hij zelfs ons of de hond. Wij zetten hem dan na een x aantal waarschuwingen op de gang om even af te koelen. Sinds kort heeft deze strafmethode geen effect meer. Meneer neemt namelijk de controle over. Eenmaal op de gang wil hij niet meer weg en wordt mama weggestuurd want het is zijn gang. Help!

U en uw man zijn vast hoogopgeleid, u bent verbaal begaafd en u streeft naar een open verhouding met uw kind. Dat kunnen belemmerende factoren zijn in de opvoeding. Vraag maar aan docenten van scholen in Amsterdam-Zuid. Die kampen met extreem assertieve leerlingen die ooit allemaal pittige peuters waren. Dat komt omdat hun ouders met hen *overleggen*. Ze vragen bijvoorbeeld: 'Wat vind je zelf een goede bedtijd?'

Hier volgt een peptalk die u vaak moet herlezen. Dan krijgt u vanzelf een houding die respect afdwingt bij uw zoon. Kinderen die intuïtief voelen dat ze nergens mee wegkomen, stoppen minder tijd en energie in verzet. Daar gaatie.

Een peuter de controle laten overnemen grenst aan kindermishandeling. In zijn hart vindt hij dat namelijk doodeng. De wereld is groot en onbekend, kinderen snakken naar veiligheid. Die krijgen ze alleen als u de baas bent. Stel dat u midden in Japan zou worden gedropt zonder geld. U kent het alfabet niet, hebt geen idee waar u bent. Dan snakt u naar een gids die u onder zijn hoede neemt. Iemand die zeker is van zijn zaak en u niet vraagt of u de ene kant op wilt of de andere.

Hoezo haalt uw zoon het in zijn schattige hoofdje dat uw gang van hem is? Zeg vriendelijk: 'Nee hoor, dit is mijn gang en mijn huis,' en loop door, ga koffiezetten, dans de samba, maar ga niet in discussie met een tweejarige.

Wij propageren de terugkeer van de zin: 'Omdat ik het zeg.' U hoeft hem niet uit te leggen waarom u wilt dat hij iets doet. Hij moet het gewoon doen. Linksom of rechtsom. Zeg hem dat hij moet zorgen dat hij gauw groot wordt, dan

mag hij de hele dag doen waar hij zin in heeft. Maar nu nog even niet. Wijs hem erop dat klein zijn veel voordelen heeft. Hij hoeft nooit te koken, geen centjes te verdienen, hij wordt voorgelezen, ondergestopt en geknuffeld. In ruil doet hij wat u zegt. WAAROM? DAAROM.
Mediteer dagelijks op deze mantra. Zet hem op! De tantes staan achter u!

DOODSBANG VOOR BALLONNEN

Ballonnen – mijn zoon van vijf vindt ze doodeng. Ik vermoed dat hij bang is voor het onverwachte: dat ze zomaar kunnen knappen. Als hij ergens komt waar ballonnen zijn, zegt hij in tranen dat hij naar huis wil, moe is of pijn in zijn buik heeft. Elke keer als ik erover wil praten slaat hij dicht. Hij wil er geen woord over kwijt.

Uw zoons angst heeft een naam: globofobie. Oprah Winfrey lijdt er ook aan. Zoals Johnny Depp in paniek raakt als hij een clown ziet; Matthijs van Nieuwkerk doodsbang is voor bruggen; Alfred Hitchcock bang was voor brekende eieren; Katy Perry niet durft te slapen in het donker; David Beckham het zweet uitbreekt als zijn kleding niet perfect is gesorteerd en P. Diddy panisch is voor blote tenen. Beroemde mensen komen tegenwoordig massaal uit de kast met hun fobieën. Gelukkig maar, want daardoor is er meer aandacht voor dit soort ongrijpbare angsten.
Voor iemand die ballonnen gezellig vindt, is het moeilijk te begrijpen waarom ze eng zijn, maar de tantes kunnen zich

er wel iets bij voorstellen. Ze zijn onvoorspelbaar, maken onverwachte bewegingen, kunnen opeens verdwijnen en enorme knallen geven.
Omdat we in een wereld leven waar overal ballonnen zijn, is 'blootstellen' het toverwoord. Begin klein in een vertrouwde setting. Koop een paar niet-opgeblazen ballonnen en laat ze een paar dagen op tafel liggen. Teken er een grappig gezichtje op. Na een tijdje blaast u er met uw zoon wat lucht in. Die laat u weer ontsnappen. Voer dat van dag tot dag op. Hooguit een paar minuten per keer. Speel een beetje met de ballon door er zachtjes mee te ballen. Op een bepaald moment stelt u uw zoon voor de ballon te laten knallen. Hij mag zelf bepalen wanneer. Wacht rustig af tot hij eraan toe is. **Zeg met een knipoog dat u het ook een beetje eng vindt en krijg de slappe lach als het zo ver is.** Houd vol en veel succes.

PS Laat uw zoon nooit – ook niet als hij groter is – naar *It* kijken, de griezelfilm naar het boek van Stephen King. Daarin lokt een griezelige clown kinderen in de val door ze te vragen: 'Wil je een ballon?'

ZE MAAKT ONS ELKE NACHT WAKKER

Wij hebben twee dochtertjes. De oudste sliep al na drie weken door. Onze jongste van negen maanden heeft echter nog nooit doorgeslapen en heeft 's nachts vaak twee flesjes nodig. Inmiddels begint het slaapgebrek ons op te breken (en daar worden we niet gezelliger van).

De tantes zien de zaken graag in breed perspectief. Daarom zeggen wij iets anders dan de nanny en haar vriendinnen, die vinden dat u gewoon niet meer moet reageren op het huilen van uw dochter. Omdat het dan na een week afgelopen is. En dat is ook zo. Eén probleem: zie die week maar eens vol te houden.

Wat u nu doorstaat is niet goed voor uw humeur en relatie. En daar doet u uw kind geen plezier mee. Op de korte termijn wil ze dat u razendsnel naar haar toe komt, maar op de lange termijn wil ze dat haar ouders het goed hebben samen.

Boven opperden wij in een soortgelijk geval de baby naar de garage te verbannen, zoals onze ouders deden. Als u dat te kras is, reiken wij u het alternatief aan uw kind 's nachts bij u in bed te nemen. Zoals dat bij de helft van de wereldbevolking gebeurt. Geen afhankelijker wezen dan een baby – zonder verzorging is zijn overlevingskans nul. Geen wonder dat ze graag checkt of er gezelschap voorhanden is. Huidcontact, het horen van andermans ademhaling, geeft meteen zekerheid.

De tantes wedden dat het hele gezin beter slaapt als u uw jongste bij u in bed neemt. Of in een bedje pal naast het uwe – een zogenoemde co-sleeper. Voor de zekerheid zet u een flesje naast het echtelijk bed, waar u indien nodig slaperig naar kunt tasten. Wij voorspellen dat het steeds minder nodig zal zijn.

Als u en uw man uitgerust zijn, komt dat zeker uw onderling contact ten goede. En mocht u voor uw seksleven vrezen als er een kind in dezelfde kamer ligt: vrijen hoeft niet in bed! Het kan ook op de bank of de keukentafel. Het moment dat uw kind naar haar eigen bed verhuist, dient zich vanzelf aan. Geen dochter die tot haar achttiende bij haar ouders in bed slaapt.

DIE VIEZE GORE ZANDBAKKEN

Ik ben nogal schoon. Ik leer mijn kinderen al van jongs af aan hun handjes te wassen als ze thuiskomen of naar de wc zijn geweest. Ik vind het ook vies als ze in de zandbak of modder spelen: misschien heeft daar wel een kat of hond in gepoept. Mijn man vindt het belachelijk. Handen wassen oké, maar ze mogen van hem overal spelen, ook in de modder of een vieze zandbak.

Wij staan achter uw man. Dat kinderen hun handjes moeten wassen als ze thuiskomen, na wc-bezoek en voor ze aan tafel gaan staat buiten kijf, maar ze moeten van ons ook in de modder spelen. Kinderen die vaak worden blootgesteld aan bacteriën, zijn op latere leeftijd beter beschermd tegen ziektekiemen; dat is wetenschappelijk bewezen. Hun immuunsysteem wordt erdoor versterkt.
De Stichting Veldwerk organiseert al vier jaar een Nationale Modderdag voor kinderen. In modderige sloten leren kinderen onder toezicht wat er allemaal groeit en bloeit en wat je er voor leuke diertjes in kunt ontdekken.
Tante Els is in haar nopjes met de conclusie van het wetenschappelijke onderzoek. Zij vleit zich nu met de gedachte dat ze de gezondheid van een vriendje van haar zoon heeft bevorderd. **Die mocht van zijn moeder niet voetballen**

omdat hij dan vies werd. Els deed hem stiekem kleren van haar zoon aan. Voordat de strenge moeder hem ophaalde, trok ze het jochie snel zijn schone outfitje weer aan en haalde een washandje over zijn gezicht.

Leg u neer bij de stand van de wetenschap. Graaf een kuil, giet er water in, geef uw kinderen een schep. En houd uw fototoestel in de aanslag: niets zo fotogeniek als stralende, bemodderde snoetjes. Op de volgende Modderdag kunt u er een prijs mee winnen van Stichting Veldwerk: een Modderdoos waarmee u kunt knutselen en proefjes kunt doen met modder.

OVERAL MONSTERS

Elke avond durft mijn kleuterzoon niet naar bed omdat er 's nachts een monster bij hem op bezoek komt. Als ik hem verzeker dat monsters niet bestaan, gelooft hij me niet.

Honderd jaar geleden had Do's oudtante Margriet, toen drie jaar, ook last van monsters. Haar drie jaar oudere zusje Alice schreef in haar memoires: 'Elke nacht wekte Margrietje me om onder haar bed te kijken. Ook moest ik onderzoeken of het potkacheltje in mama's slaapkamer niet zou ontploffen.'

Elke leeftijd kent zijn eigen angsten. Kleuters zien een monster onder hun bed, rond hun zevende worden veel kinderen bang voor de dood, rond hun elfde bang buitengesloten te worden. Dat gaat door tot je tachtigste. Je kunt er maar beter zo vroeg mogelijk mee om weten te gaan.

Uw zoon gelooft u niet als u zegt dat monsters niet bestaan, want voor hem zijn ze echt. Toon daar begrip voor. Snijd het onderwerp overdag aan als u gezellig samen op de bank zit. Vraag hem te vertellen hoe een monster eruitziet en of hij het wil tekenen. Wat ziet hij zelf als oplossing voor zijn angst? Een grote knuffelbeer die hem beschermt? Zeg dat u zeker weet dat hij zijn angst weet te bedwingen. En dat hij een sticker krijgt voor elke nacht dat het hem lukt. Als hij er vijf heeft, krijgt hij een cadeau.
Do's oudtante Margriet kreeg het een eeuw geleden harder te verduren. Midden in de periode dat ze zo bang was voor monsters moest ze naar een sanatorium in Doorn wegens chronische bronchitis. Ze zou er twee jaar blijven. Tante Alice: **'Margrietje werd elke morgen gewassen met ijskoud water. Ze kreeg geen speelgoed en werd bewaakt door een herdershond; alleen bij ene juffrouw Kien kreeg ze wat menselijke warmte.'** Tante Margriet is niet knettergek geworden. Zij trouwde een Franse herenboer, die haar meenam naar zijn van God verlaten boerderij. Daar kon ze tegen die tijd heel goed tegen.

HOE PRAAT IK OVER DE DOOD?

Toen mijn buurvrouw zwanger werd, leek me dat een mooie aanleiding met mijn tweelingdochters van vijf over baby's krijgen te praten. Na zeven maanden werd de baby doodgeboren. Een verdrietige gebeurtenis, waar ik niet goed mee wist om te gaan. Lieve tantes, hoe bespreek ik de dood met mijn dochtertjes?

Do's gedachten gaan terug in de tijd. Toen haar zoon Bruno vijf jaar was, kreeg de moeder van zijn klasgenootje Farah een baby die stierf bij de geboorte. Dit terwijl de klas maandenlang gezellig had meegeleefd met het kindje in de buik. De ervaren juf Moniek bracht het nieuws in het kringgesprek. Als spelletjesmoeder was Do getuige. Een passage uit haar dagboek:
Moniek: 'Farah, jij mag hulpje zijn vandaag. Weet je waarom?'
Een blij verraste Farah: 'Nee.'
'Omdat de baby in jouw mama's buik is doodgegaan. Dat is niet leuk voor jou.'
De juf doet de klas het nieuws over Farahs broertje uit de doeken.
Sjaak (5): 'Kun je de baby nog eten geven? Dan gaat hij het weer doen.'
Moniek: 'Ik denk het niet.'
Na enig mokken zegt Sjaak: 'Ik weet het wel. Omdat ik weleens eerder heb meegemaakt dat iemand doodging.'
Loewie: 'Bij mijn opa in de stad is een goudvis doodgegaan.'
Het kringgesprek gaat verder over goudvissen.
Even later geeft Do leiding aan het spel Twister. Roos (5) komt tegen haar aan staan en zegt: 'Weet je wat er met Farahs broertje is gebeurd? Hij is dood.' Ondertussen zegt Farah verontwaardigd: 'Juf, Wierd dringt voor. Ik was aan de beurt.'
Kleine kinderen kunnen een tijdje slechter slapen of onhandelbaar zijn door een sterfgeval in hun omgeving. Toch heerst onder pedagogen het idee dat ze minder ontvankelijk zijn voor verdriet om de dood dan bijvoorbeeld tieners.

De droevige gebeurtenis bij uw buren kan een nuttig aanknopingspunt zijn om met uw kinderen te praten over de minder leuke kanten van het bestaan. Zoals de dode goudvis bij Loewies opa in de stad.

EEN JONGETJE IN DE HEREN-WC

Op welke leeftijd laat ik mijn zoontje van vier alleen naar de heren-wc gaan in openbare gelegenheden? Als alleenstaande moeder heb ik geen man om hem te begeleiden. Die mis ik wel vaker als het gaat om praktische zaken op dit vlak.

Tante Els zat destijds in hetzelfde schuitje. Zij kreeg hulp van haar zwager die toevallig langs de openstaande wcdeur liep en zijn neefje van bijna vier zittend zag plassen. 'Zo kunnen we natuurlijk niet naar de kleuterschool,' sprak de zwager ferm. Hij leerde zijn neef staand plassen. 'Als je toch bezig bent, leer hem dan ook hoe hij zijn piemeltje moet wassen,' zei tante Els. Een paar dagen later ging haar zoontje logeren bij oom en tante en gingen de twee heren gezellig samen in bad.
Het moment breekt vanzelf aan dat u uw zoon alleen naar dat geheimzinnige oord laat gaan waar wij vrouwen slechts per ongeluk belanden, op welk moment ons een doordringende urinegeur tegemoet walmt waar wij ons bloedje liever niet aan bloot willen stellen. Namelijk, als hij zich schaamt u nog te vergezellen naar de dames-wc. Met hem meegaan naar de heren-wc is

natuurlijk uit den boze. Bouw zijn zelfstandigheid op dit gebied langzaam op. Spreek de eerste paar keren af dat hij na zijn plasje meteen weer naar buiten komt, waar u – subtiel – bij de deur post. En druk hem op het hart vijfhonderd keer zijn handjes te wassen.

SCHOOLKINDEREN

Brutale kinderen kregen een pak op de broek, desnoods van de buurvrouw. Janken om niks werd niet getolereerd en kinderen stookten fikkie, knikkerden, schopten tegen ballen, hinkelden en speelden landjepik tot de avond viel. Kom daar maar eens om in deze tijd van gamen, zorgen om de tere kinderziel en de angst dat achter elke boom een pedofiel staat. Slechts één ding is onveranderd: broertjes en zusjes vechten elkaar nog steeds de tent uit. En dat is maar goed ook, want daar word je groot van.

MIJN ZOON PIEPT OVER PIJNTJES

Mijn zoon van negen heeft vaak pijn in zijn buik en zijn hoofd. Volgens de huisarts is hij kerngezond. Ik moet vaak mijn werk afzeggen om hem te verzorgen. Als dat niet lukt, huur ik een oppas in, wat me een schuldgevoel geeft tegenover mijn zoon.

Het kan zijn dat uw zoon een vervelende ziekte onder de leden heeft. Maar als de huisarts niets kan vinden, is dat waarschijnlijk niet het geval. Om uit te vlooien wat er nu precies aan de hand is, zou u om te beginnen uw zoon toch naar school kunnen sturen. Mevrouw Hupperts (90), de buurvrouw van tante Do, beveelt daarbij een draai om de oren aan. **Als een van haar negen kinderen vroeger klaagde over buikpijn, gaf zij het jong een klap, waarna de buikpijn vaak spontaan verdween. Pas als dat niet het geval was, begon mevrouw Hupperts zich zorgen te maken.** Deze tactiek vinden wij nu kindermishandeling. Ouders van nu doen het tegenovergestelde. Als hun kind piept dat het buik- of hoofdpijn heeft, leggen zij het meteen onder een dekentje op de bank, waarna zij het liefdevol verzorgen. Het kind mag de hele dag gamen of filmpjes kijken, mama neemt vrij van haar werk en geeft het kind zijn lieve-

lingseten. Deze situatie is voor het kind algauw te prefereren boven school.
Els had ooit een stagiaire die zich een week ziek meldde omdat zij 'wind in de buik' had. Tante Els, opgevoed met de regel dat je je alleen niet op je werk meldt als je dood bent, vraagt zich nog steeds af wat dat is. Eén ding weet tante Els zeker: de stagiaire is grootgebracht door een veel te lieve moeder en daardoor totaal ongeschikt voor het hardwerkende leven.

IK ZEG TOCH LEKKER FUCK

Mijn achtjarige dochter zegt de laatste tijd om de haverklap fuck. Toen ik haar vroeg wat de juf daarvan vindt, zei ze: 'Die vindt het niet leuk, maar iedereen doet het lekker toch.'

Do's buurvrouw mevrouw Hupperts (90) durft nauwelijks nog tv te kijken. Toen zij haar negen kinderen opvoedde was het woord 'bil' nog verboden. In 1955 dreigde Annie M.G. Schmidt in haar vers *Ik ben lekker stout*: 'En als ik kwaad ben, zeg ik: bil.'
Woorden veranderen van lading. 'Krijg de klere' klinkt bijna speels, maar toen je nog massaal doodging aan cholera ('klere') was het net zo grof als nu 'krijg de kanker'. In de middeleeuwen betekende 'wijf' gewoon 'vrouw', nu is het een scheldwoord.
Ook de lading van het woord 'fuck' verschuift. Fraai is het niet, maar misschien hoort het erbij. Het komt uiteindelijk allemaal doordat het spannend is verboden woorden te

zeggen. **Kijk maar naar Geert Wilders. Wat zal die als peuter genoten hebben van het woord 'poep'.**
Toch moet u een grens trekken. Het gaat er niet eens om waar die grens ligt, als hij er maar is. Fluit uw kind terug bij kwetsende verwijzingen naar ziekten, uiterlijk, geloof, geaardheid en intelligentie (minister-president Mark Rutte is iets soepeler dan de tantes, die spreekt van 'achterlijke gladiolen'.) Bijsturen kan via de bekende viezewoordenpot, waarin ieder gezinslid tien cent moet doen als hij vloekt of scheldt. Elke dag een vieze woorden-vijf minuten houden, werkt ook: iedereen kan zich even uitleven om daarna weer terug te keren in het gareel.
De tantes hebben nog een idee: laten we met zijn allen dat gareel veranderen. Dat gaat zo. Op stressvolle momenten zegt u tegen de kinderen: potverdriedubbeltjes! Of oenemeloen! Daarna biedt u geschokt uw excuses aan. 'Dat had ik nooit, nooit moeten zeggen,' stamelt u. Binnen de kortste keren gebruikt de nieuwe generatie krachttermen waarmee iedereen kan leven. Dat noemen we dan retroschelden.

ACHT JAAR EN HIJ PLAST NOG STEEDS IN BED

Onze achtjarige zoon jaar plast iedere avond in bed. Tot nu toe maakt hij zich er niet erg druk om. Meneer wordt na lang roepen wakker zonder enig besef dat hij in een nat, koud bed ligt. We hebben alles geprobeerd – van plaswekkers tot hem wakker maken voor een plasje – niks helpt. Hoe krijg ik hem gemotiveerd 's nachts zindelijk te worden? Zodat hij ook eens zor-

geloos uit logeren kan en trots is als hij droog de nacht doorkomt? Want ook al zegt hij er weinig over, ik merk dat hij er soms wel van baalt.

Wij gaan ervan uit dat de huisarts heeft uitgesloten dat er een medische kwaal ten grondslag ligt aan dit probleem. En dat u gangbare methodes zoals plaswekkers hebt uitgeprobeerd. Aan nachtmerries of angsten lijkt uw zoon niet te lijden. Integendeel, hij slaapt verrukkelijk, zelfs in een nat bed. Verder vermoeden wij dat u elke nacht heel lief zijn lakens verschoont. Alles bij elkaar heeft hij in het dagelijkse leven geen last van de kwestie. Het nadeel daarvan is dat hij niet wordt gestimuleerd zelf een oplossing te bedenken. Terwijl hij dat misschien best kan. Hij is niet drie, maar acht.
De tantes zien een gevaar. Het heet mannelijke gemakzucht en het kan zijn dat die ontkiemt bij uw zoon. Mannelijke gemakzucht wordt mede veroorzaakt door vrouwelijke toegeeflijkheid. Hoeveel jongens spetteren niet zorgeloos over de wc-bril omdat hun moeders meteen klaarstaan met gele doekjes met de gedachte: 'Ach, dat doen jongens nou eenmaal.' Het gevolg is dat er volwassen mannen zijn die het ook niet zo nauw nemen. Tante Els kan daar heel verontwaardigd over worden. Zij zegt: 'Het is te gek voor woorden dat mannen spetteren en vrouwen de bril schoonmaken. Alsof ZIJ eroverheen plassen. Ik ben heel streng daarin: of je laat een smetteloze plee achter of ik ga elders wonen.'
Els kent een vrouw van wie niet alleen de puberzoons nog in bed plassen, maar ook hun vader. Echt waar. Die vrouw is de hele nacht bezig met bedden verschonen, maar ze zou haar koffer moeten pakken en zeggen: 'Dag jongens, plas lekker verder in bed, mama wenst jullie

veel plezier.' De oermens zei tegen grotere kinderen die het nest bevuilden: 'Ga maar buiten slapen, want het wordt hier te viezig. Papa en mama hebben graag een droog stukje grot.' Tien procent van de basisschoolkinderen plast regelmatig in bed. Meestal zijn het jongetjes. Het helpt misschien als u uw zoons probleem het zijne maakt. Als hij klaagt dat hij niet uit logeren kan zegt u: 'Lieverd, daar zal je zelf iets aan moeten doen.' Waarom schudt u hem eigenlijk wakker als hij geplast heeft? Laat hem lekker slapen, en doe dat zelf ook. En zeg 's ochtends: 'Schatje, voor je naar school gaat even je lakens verschonen he, anders stap je vanavond in een koud, nat bed. Doe de vieze was maar in de wasmachine.' Dat kan hij, want hij is acht, maar hij vindt het niet leuk. Dus gaat hij er iets op proberen te vinden. Misschien met behulp van een plaswekker? Geef hem het vertrouwen dat hij het kan en beloon hem rijkelijk voor elke stap die hij zet. De grootste beloning zal zijn dat hij eindelijk uit logeren kan, en dat hij dat zelf voor elkaar heeft gebokst.

IK KAN ZE WEL SLAAN

Ik heb met mijn man afgesproken dat we onze kinderen nooit zullen slaan, maar af en toe jeuken mijn handen. Vanavond lieten mijn twee dochters van vier en zes het bad overstromen. Toen ik ze eindelijk in bed had, bleven ze nog een halfuur keten. Ik probeerde rustig te blijven, maar ze luisterden pas toen ik ging schreeuwen. Ik vraag me af of het niet beter is kinderen af en toe een ouderwets pak op hun billen te geven.

Iedere moeder kent dit gevoel. Het moet heerlijk zijn zo effectief te mogen opvoeden als een hondenmoeder, die haar puppy's gewoon even in hun nekje bijt als ze stout zijn. In de mensenwereld mogen opvoeders van pedagogen geen tikken meer uitdelen. Alleen al omdat velen het onderscheid niet kunnen maken tussen een corrigerende tik en kindermishandeling. In Nederland sterft elke week een kind door mishandeling van zijn ouders, terwijl duizenden kinderen gewond raken. Bij de oplossing van problemen moet je grenzen stellen. Wie met roken is gestopt, kan beter nooit meer een trekje van een sigaret nemen; dan is het makkelijker vol te houden. Genezen alcoholisten kunnen ook beter nooit meer een druppel alcohol drinken. Ouders kunnen beter nooit slaan.

Er is nog een reden waarom dat laatste van belang is. Kinderen moeten leren dat fysiek geweld niet geoorloofd is en dat in het leven niet het recht van de sterkste geldt. De middeleeuwen zijn voorbij. **Onlangs zei paus Franciscus dat een draai om de oren op zijn tijd een goed opvoedinstrument is. In Afrika keek niemand daarvan op. Daar wordt naar hartenlust geslagen, ook op school.** Wie weleens een Afrikaans schoolklasje heeft gezien, kent het resultaat. Alle kinderen zijn muisstil en gehoorzaam tot op het bot. Maar in de westerse wereld stond iedereen op zijn achterste benen na de pauselijke uitspraak. De tantes ook. Mensenmoeders moeten het echt anders aanpakken dan hondenmoeders.

Zoek naar creatieve oplossingen als alternatief voor lijfstraffen. Wie niet luistert krijgt geen toetje, of geen zakgeld, of iets anders waar hij dol op is. Dit mag geen loos dreigement zijn. Negeer fout gedrag, beloon goed gedrag.

En houd vol. Het klinkt u misschien afgezaagd in de oren; maar clichés zijn er niet voor niets. In de nekjes van uw kinderen bijten helpt de wereld niet vooruit.

DE EEN NA DE ANDER WORDT NEERGESCHOTEN

Mijn zoon van negen zou het liefst de hele dag gamen. Hoe meer tegenstanders worden neergeschoten, hoe beter. Ik vind het maar een onzinnige bezigheid, buitenspelen lijkt me veel gezonder. Waar trek ik de grens?

De tantes mogen weliswaar stokoud zijn, ze hebben niets tegen gamen. Integendeel, kinderen doen er waardevolle vaardigheden mee op. Daar mag ook weleens aandacht voor zijn. Hun hand-oogcoördinatie raakt er bijvoorbeeld enorm door verfijnd. Bij het leger rekruteren ze daarom graag gamers (in dit verband vindt u dat misschien geen aanbeveling, maar wij bedoelen het positief). Probeer maar eens te volgen wat uw zoon met zijn vingers op die toetsen doet. Dat lukt u waarschijnlijk echt niet meer. Prijs uw kind de hemel in. Heb oog voor hoe knap de games in elkaar zitten. Als hij zich begrepen voelt zal hij eerder van u aannemen dat hij maar een uur per dag mag gamen. Vertel dat tante Els een jongen van achttien kent die altijd mocht gamen van zijn ouders, compleet verslaafd raakte en nu in een kliniek zit om af te kicken. Stuur uw zoon na zijn game-tijd naar buiten om te spelen met een bal, takjes en stenen. De kans bestaat natuurlijk dat hij de bal in de bosjes gooit en linea recta naar vriendjes gaat die langer mogen gamen. Probeer de ouders van die vriendjes op andere gedachten te brengen aan de hand van het griezelverhaal van tante Els. Dan kunt u meteen samen opletten dat de jochies geen bloederige games voor boven de veertien spelen. Al zal dat niet altijd lukken in huizen waar oudere broers voorhanden zijn. Dat weet Do uit ervaring: haar zoon heeft als puber ontelbaar veel moorden gepleegd in de parallelle werkelijkheid. **Do stond er handenwringend naast: 'Je weet toch wel het verschil tussen echte oorlog en dit hè? Je weet toch wel dat het in het echt niet leuk is om mensen dood te schieten?'** Hij vond het raar dat ze die link legde, voor hem had dat niets met elkaar te maken. Hij is een uiterst vredelievende jongeman geworden.

ZE VINDT ZICHZELF LELIJK EN DIK

Mijn prachtige twaalfjarige dochter vindt zichzelf lelijk en dik. Ze zit net in de brugklas waar zij en haar vriendinnen de hele dag bezig zijn met hun uiterlijk. Ik probeer tevergeefs tegengas te geven, maar dan zegt ze wanhopig: 'Natuurlijk vind jij mij mooi, je bent mijn moeder, dat zegt niks.'

U kunt zich evengoed tegen de regen verzetten. Uw dochter ontwikkelt zich helemaal volgens de boekjes. Bij meisjes valt de gang naar de brugklas naadloos samen met het begin van de puberteit. In de jungle van de middelbare school

heeft uw dochter geen houvast meer aan uw mening, ouders hebben daar afgedaan. U verandert in een soort helpdesk. De opvoeding wordt overgenomen door de *peergroup* – de leeftijdgenoten. En die zitten allemaal in de klauwen van de schoonheidscultus van nu. Onder leiding van wulps kronkelende idolen als Rihanna.
De tantes zijn dankbaar dat ze nu geen puber zijn. Wij hadden indertijd één uur per week *Toppop*, waarin Penny de Jager altijd dezelfde dans deed. We lazen *Joop ter Heul*, die nooit in de spiegel keek (in tegenstelling tot haar zus Julie die wij dan ook een ongelooflijke tut vonden). Daarom hebben wij er geen last van dat we – een fractie, een fractie! – minder strak zijn dan onze leeftijdgenoot Madonna.
Helaas, tieneridolen zijn niet meer wat ze geweest zijn. Ze zijn bijvoorbeeld naakter. Kijk maar eens naar MTV om te zien hoe hoog de lat ligt. Terwijl zich bij pubermeisjes een bescheiden boezem begint te ontwikkelen, hebben hun vrouwelijke rolmodellen duizelingwekkende decolletés. Naast ragfijne ontblote tailles en een sixpack. Hiermee vergelijkt uw dochter zich terwijl ze nog volop in het puppyvet zit. Zij en haar vriendinnen hebben mobieltjes waarmee ze ongetwijfeld modellenshoots houden voor op de sociale media, waar de hele school dan weer commentaar op levert. Het zou eigenlijk raar zijn als uw dochter niet onzeker was.
Gaat u vooral door met tegengas geven. Er blijft meer hangen dan u denkt. Zet thuis The Mamas and the Papas op (een van de Mama's was tonnetje rond, en ze waren keurig gekleed), of nog beter: Mozart. Blijf tegen uw dochter zeggen dat u haar de mooiste van de wereld vindt – hoezeer ze

ook tegensputtert. Haal ten slotte *De H.B.S.-tijd van Joop ter Heul* in huis, geschreven in 1919 en het grappigste meisjesboek ooit.

HUN GERUZIE DRIJFT ME TOT WAANZIN

Mijn drie kinderen maken de hele dag ruzie. Om niets. Om een rijstkorrel. Als mijn oudste dochter haar broertje niet de haren uit de kop trekt, schopt die laatste zijn kleine zusje wel onder tafel. Zodra ik als scheidsrechter enigszins heb achterhaald wie begon, en waarom, is het volgende gevecht in volle gang. Mijn man heeft minder geduld, hij trekt de kinderen uit elkaar en stuurt ze ieder naar hun kamer, waarna ze vrolijk verder ruziën, maar dan boven ons hoofd. We denken weleens dat het aan ons ligt, maar wij lossen onze meningsverschillen rustig op.

Tante Els werd ooit met een schaar bedreigd door haar grote broer; zelf bekraste zij de nieuwe pop van haar zusje met een viltstift en een broer werd van de trap geschopt door een andere broer. **Dat er bij haar thuis nooit doden zijn gevallen, is een wonder.**

Uw kinderen voeren de oudste strijd in de wereld: die om de macht in de kinderrij. Ze zijn in goed gezelschap. Toen koning Willem-Alexander puberde, nodigde zijn jongere broer Friso een vriendje uit hem in elkaar te slaan: 'Maar sla hem niet dood want dan moet ik koning worden.' Later knipte Willem-Alexander de nageltjes van zijn oudste

dochter Amalia heel kort nadat ze had geprobeerd haar babyzusje Alexia te krabben.
Een troost: kinderen leren van hun gekissebis. De meeste Amerikaanse presidenten waren thuis het oudste kind, omdat oudste kinderen van hun ouders horen dat ze de wijste moeten zijn. Middelste kinderen leren te onderhandelen en compromissen te sluiten. Je vindt ze vaak onder diplomaten. Jongste kinderen komen met alles weg, waardoor hun creativiteit wordt bevorderd.
Wij juichen het teamwerk van u en uw man, als *the good cop* en *the bad cop* toe. Samen vertegenwoordigt u de maatschappij, waarin uw kinderen zich moeten redden. U toont ze als het ware de weg van de rechtspraak, uw man die van de Mobiele Eenheid, en zo leren ze het midden tussen oeverloos doorprocederen en geweld. De vraag is hoe u overeind moet blijven zonder te schreeuwen of te slaan. Hebt u toevallig een bouwterrein in de buurt? Een vriendin van Do vluchtte naar zo'n terrein als ze gek werd van het geruzie van haar vier kinderen. Tegen de achtergrond van het heien en boren gilde ze haar longen uit haar lijf zonder dat iemand er last van had. Daarna keerde ze beheerst terug naar de oorlog in haar nest. Een tunneltje onder een station werkt ook.

ZE IS BANG DAT IK OOK DOODGA

De moeder van het beste vriendinnetje van mijn achtjarige dochter is onlangs overleden aan een ongeneeslijke ziekte. Mijn dochter is nu bang dat mij ook iets overkomt. 's Nachts heeft ze nachtmerries, overdag

slingert ze zich als een liaan om me heen. Hoe kan ik haar geruststellen?

Dat moeders dood kunnen gaan is het engste wat kinderen zich kunnen voorstellen. U kunt haar niet beloven dat het u niet gebeurt, ze ziet van nabij dat het mogelijk is. Wel kunt u haar zeggen dat de kans heel klein is. De statistieken wijzen uit dat moeders gemiddeld tachtig jaar worden.
Er zijn goede kinderboeken over dit onderwerp, zoals *Doodgewoon* van Bette Westera en Sylvia Weve of *Papa, hoor je me?* van Tamara Bos en Annemarie van Haeringen. Als uw dochter overstuur blijft, zou een gesprekje met een kinderpsycholoog kunnen helpen. Een buitenstaander die geen onderdeel van het probleem is, zoals u dat wel bent.
Het zoontje van tante Els had als zevenjarige wolven in zijn kamertje wonen. Die dreigden dat ze mama zouden opeten als hij haar dit geheim verklapte. Uiteindelijk vertelde hij het toch, doodsbang dat de wolven het zouden horen. Els wendde zich tot de *Gouden Gids* – Google bestond nog niet – en vond een therapeute. **'Ik ken een mevrouw die alles over wolven weet,' zei ze tegen haar zoon. 'Die gaat jou helpen, is dat niet fijn?'** Na drie gesprekken waren de wolven verdwenen. (Of eigenlijk: drie pingpongsessies. De psychologe behandelde haar klantjes terwijl ze met hen tafeltenniste. Het was echt een leuke.)
Sla uw arm vaak om uw dochters vriendinnetje heen. Wij wensen haar ontzettend veel liefs en sterkte.

TERUGSLAAN OF NIET?

Onze dochter (bijna vijf) en zoon (net twee) kunnen heerlijk samen spelen. Vooral als ze samen stout zijn, zijn het de beste vrienden. Maar soms gaat het mis – bijvoorbeeld als zij iets van hem afpakt – en trekt zoonlief zijn grote zus aan haar haren naar beneden en slaat erop. Ik vraag me af of ik moet ingrijpen of dat ik ze het zelf moet laten uitvechten. En mag ik mijn dochter zeggen dat ze soms best mag terugduwen? Haar broertje is geen baby meer waar je supervoorzichtig mee moet zijn.

Wij raden u aan alleen in te grijpen als u ziet dat een van de twee echt het onderspit delft. Kinderen leren onmetelijk veel van ruziën. Zeker met zusjes en broertjes. Die kunnen ze namelijk niet kwijtraken, een kans die wel aanwezig is bij vriendjes of vriendinnetjes. U hebt dus eigenlijk een heel fijn probleem dat u deelt met ouders van Timboektoe tot New York. **Relatief weinig met Chinezen, die tot voor kort maar één kind mochten krijgen waardoor half China de veilige arena moest ontberen waarin broers en zusjes elkaar ongestraft kunnen belagen.**

Fysiek dreigt hier weinig gevaar. Het zou anders liggen als uw vijfjarige uw tweejarige bedreigde, maar u hebt een wijze oudste die ziet hoe de verhoudingen liggen en niet haatdragend is. Uw dochter mag haar broertje best wegduwen als hij aan haar haren trekt, maar zeg haar dat pas vlak voor er bloed vloeit. Wij hebben er alle vertrouwen in dat ze zich niet laat ondersneeuwen als het eropaan komt. En dat haar broertje van haar tolerante houding leert.

DAT VRIENDJE LIEGT EN STEELT

Mijn tienjarige zoon heeft sinds kort een nieuwe boezemvriend, Kees. Helaas betrap ik Kees geregeld op leugens, en mijn tot nu toe goudeerlijke zoon dreigt die neiging over te nemen. Gisteren betrapte ik de jongens met een megagrote zak chips. Ze beweerden dat ze die op straat hadden gevonden. Toen ik mijn zoon 's avonds onderstopte, vertelde hij schuldbewust dat hij en Kees hem uit de voorraadkast van zijn moeder hadden gepikt. Moet ik hem verbieden met Kees om te gaan?

Tante Els heeft indertijd te maken gehad met een Kees in het kwadraat. Jordy heette hij. Hij zat op dezelfde school als haar zoon, maar dan twee klassen hoger. Els' zoon was twaalf toen hij haar opgewonden vertelde dat hij voor 25 gulden een laptop kon kopen van Jordy. Laptops kostten destijds in de winkel al gauw duizend gulden. Toen Els haar zoon verbood het aanbod aan te nemen, was hij verontwaardigd. Zij legde haar zoon uit wat heling was, maar hij kon niet geloven dat die aardige Jordy de laptop had gestolen. De volgende dag belde Jordy. Helaas voor hem stuitte hij op tante Els. **Zij zei: 'Ha, ben jij die jongen van de laptop? Luister. Mijn zoon is misschien wat goedgelovig, maar ik niet. Als jij hem nog een keer gestolen waar aanbiedt kom ik je persoonlijk opzoeken en je wilt niet weten wat er dan gebeurt.'**
Dit was blijkbaar taal die Jordy verstond, hij snapte het meteen en moest zelfs een beetje lachen. Het gekke was: Els ook. Sindsdien konden Jordy en zij het prima met el-

kaar vinden en heeft hij de zoon van Els nooit meer betrokken bij zijn praktijken.
De leugentjes van Kees zijn kinderspel vergeleken bij die van Jordy. Als kinderen van zijn leeftijd liegen, ligt er vaak een gebrek aan zelfvertrouwen aan ten grondslag. Wees daarom niet kwaad op hem, maar spreek hem vriendelijk aan op zijn gedrag. Zeg hem dat u niet boos bent, maar dat hij niet meer mag komen spelen als hij liegt. Niet omdat u hem geen aardige jongen vindt, maar vanwege zijn gedrag. U legt hem uit dat eerlijkheid heel belangrijk is in het leven. En een voorwaarde om het later te redden in de maatschappij. Dit is zwaar geschut. Maar het klopt wel. Vreemde ogen dwingen. Misschien is hij u later dankbaar.

MIJN KIND WORDT STEEDS DWANGMATIGER IN HAAR GEDRAG

Mijn dochter van negen houdt er een nogal star ritueel op na bij het welterusten zeggen. Dat breidt zich steeds meer uit. Naast de nachtzoen moeten we ook voorhoofdkruisjes uitwisselen, en sinds kort moeten we met zijn drieën tot tien tellen. Ze denkt dat er anders iets ergs gebeurt.

Wat uw dochter doet is normaal, maar het is goed dat u het nu signaleert, want het moet zich niet uitbreiden. Kinderen realiseren zich vanaf hun kleutertijd dat er dingen mis kunnen gaan in het leven. Dat de dood bestaat, dat mensen ziek kunnen worden. Het zit in de mens te denken dat onheil kan worden bezworen door rituelen. Vaak spelen getallen daarbij een rol. **Half katholiek Nederland bad vroeger vijftien keer het Onze Vader en honderdvijftig keer het Wees gegroet Maria achter elkaar. Dat heette de rozenkrans. Een hele toer, maar dan kon je ook weinig meer overkomen, was het idee.**

Niet-gelovigen moeten hun eigen rituelen bedenken. Daarbij grijpen ze ook vaak naar cijfers. Tv-presentator Winston Gerschtanowitz moet van zichzelf elke dag veertig keer een voorwerp zeven keer aanraken. Actrice Katja Schuurman heeft zoveel last van teldwang dat ze er medicijnen voor slikt. Dit zijn extremen; een ritueeltje hier of daar kan geen kwaad. Maar de gedachten dat daarbij ernstige dingen op het spel staan moet u afkappen.

Els zag haar zoon op zijn achtste zijn bureautje overdreven minutieus ordenen. Na enig aandringen van haar kant bevestigde hij dat het zo moest omdat hij bang was dat er anders iets met mama zou gebeuren. Els deed een beroep op zijn gevoel voor humor. Ze stelde voor de zaak te onderzoeken door het bureau overhoop te halen. 'Als ik dan morgen dood ben, had je gelijk,' zei ze. Hij moest daar erg om lachen, en toen Els de volgende ochtend ook nog in leven bleek te zijn, was hij van zijn ideeën af. Zo kunt u ook de avondlijke bezweringen van uw dochter speels afbouwen, tot ze tevreden is met een nachtzoen en een dikke knuffel.

JANKEN OM NIKS

Janken, janken, janken. Mijn zoon van zes huilt als hij z'n zin niet krijgt, een schrammetje heeft, zelfs als hij een rekensommetje fout heeft. Hij huilt dus echt om elke scheet. Als ik beweer dat die kleine dingen het niet waard zijn om in snikken uit te barsten, gaat-ie nog hartverscheurender tekeer.
Hij heeft een zacht karakter en is hartstikke lief. Hebben we (ik?) hem te veel gepamperd? Zijn zusje is het tegenovergestelde, dus het zit ook in zijn karakter.

Dat uw dochter stoerder is, zet de tantes aan het denken. Kan het zijn dat u haar minder vaak troost? Uit onderzoek blijkt dat moeders vaak liever zijn voor zoontjes dan voor dochters. Van onze dochters verwachten we eerder dat ze flink zijn.
Hoe dan ook, er is maar één remedie. **Als uw zoon huilt om niks – wel even checken of het ook echt niks is – kletst u gewoon door met uw man en dochter. Of u gaat lekker Netflix kijken. Of u gaat op zoek naar rode dansschoenen op internet.**
Negeer uw brekend hart. Reageren is ook aandacht. Troost moet worden verstrekt bij werkelijke nood. Bijvoorbeeld als hij een gat heeft in zijn knie, uit de boom is gevallen of als de hond dood is (in dat laatste geval heel veel). Dus niet te veel troosten als hij snikt om iets petieterigs.
Dit is makkelijker gezegd dan gedaan, dat beseffen we natuurlijk best. Zo'n scheepstoeter op de achtergrond is behoorlijk afleidend. Bedenk dat u dit doet voor hem. En be-

denk dan wat u allemaal nog meer voor hem zou doen. U zou door de woestijn gaan zonder water. U zou een brandend huis binnensnellen om hem eruit te halen. U zou een rivier vol piranha's overzwemmen. Dan is het een kleine moeite als u hem nu in zijn sop laat gaarkoken. Later kan hij bij de baas ook niet voortdurend in snikken uitbarsten. Het leven is geen lolletje, ook niet voor schattige zoontjes.

IK VIND HET ZIELIG VOOR HEN DAT IK GEEN MERKKLEDING KAN BETALEN

Ik voed in mijn eentje mijn twee dochters van acht en elf op, werk in een winkel, en verdien niet veel. We wonen op een kleine, gezellige huuretage. Het gaat allemaal best, maar ik heb geen geld voor merkkleding. En daar hebben mijn dochters juist enorme behoefte aan, onder invloed van hun klasgenoten die rijkere ouders hebben. Ik vind het zielig dat ik ze moet teleurstellen.

Maar dat is helemaal niet erg! **Een kind kan niet vroeg genoeg leren dat teleurstellingen horen bij het leven.** Uw dochters kunnen niet meedoen aan de merkenrage, nou en? Het is hoog tijd dat het tij gekeerd wordt, want die rages verslinden volstrekt nutteloos en overbodig geld. Het betekent niet dat uw dochters niet leuk gekleed kunnen gaan. Juist in deze tijd niet, nu bij veel winkelketens prachtige kleren worden verkocht voor een fractie van de prijs. Eigenlijk is het best raar veel meer geld aan leuke kleding te besteden dan nodig is. Dat kunnen uw kinderen uitdragen onder hun vriendinnen. Laat ze trotse trendsetters worden. Neem ze mee naar winkels waar ze kleren verkopen die u wel kunt betalen en maak er een feestje van. Zo leert u uw dochters dat je ook een goed leven kunt hebben met minder geld. Levenskunst is je zegeningen tellen, niet kijken naar wat je niet hebt. U hebt een uitgelezen kans ze die les mee te geven.

WAAROM HEBBEN JULLIE MIJ NIET VIOLINDE GENOEMD?

Mijn zoon van zes vraagt me non-stop de gekste dingen. Mam, waarom heeft een paard vier hoeven? Mam, hoe werkt een radio? Schattig, maar ik word er ook gek van.

Leuk hoor, u hebt een wetenschappertje gebaard. Jongetjes zijn technisch vaak wat geïnteresseerder. Do had er ook zo een. De meeste peuters kennen een waarom-fase waarin ze leren communiceren. Dat doen ze door vragen te stellen waarmee je in principe snel klaar bent. Als ze vragen: 'Waarom is dat een koe?' volstaat in eerste instantie bijvoorbeeld het antwoord: 'Omdat hij gras eet.' Een echte wetenschapper in de dop vraagt dan door. En door. Uw zoon kan vast al een beetje schrijven. Geef hem een schrift om zijn vragen in te noteren, en spreek vaste momenten af waarop u ze samen behandelt – al dan niet met behulp van Google. Dat is meteen een leuk document voor later. In het schrift van Do's zoon staat in hanenpoten: Raakt eelektriesitijt op? Raakt laggen op? Kennen aafrikaanen sneew? Waaren de romijnen slimmer dan wij? Hoe lang moet je rijden als je naar aamerika zouw rijden met de oto? Wie is het rijkste lant ter wereld? Hoefeel sterre zijn er?

Tussen zijn gepriegel staat een foutloos gespelde vraag in keurige letters. **Die is van zijn zusje die een jaartje ouder is. Hij luidt: Waarom hebben jullie mij niet Violinde genoemd?**

Tegenwoordig vraagt Do's zoon haar nooit meer iets. Omdat hij veel meer weet dan zijn moeder. En hij is pas 21.

ZO SNEU DAT ZE NIET HAAR B-ZWEMDIPLOMA MAG HALEN

De beenspieren van mijn dochtertje (8) ontwikkelen zich niet symmetrisch. Daardoor heeft ze lang over haar A-zwemdiploma gedaan. Ik vond het zo zielig toen de namen van de B-kandidaten werden omgeroepen en zij daar als enige niet bij zat. Haar jongere zusje heeft inmiddels haar A, B en C.

Wij begrijpen u, je gunt je kind alles en een moederhart raakt snel verscheurd. Er zit maar een ding op: relativeren. Zelf zijn wij alleen in het bezit van diploma A; onze ouders wisten niet eens dat er B- en C-diploma's bestonden. Wat hen betrof had zwemles maar een doel: leren niet te verdrinken. En zo is het nog steeds.

Meer dan diploma A heeft uw dochter niet nodig in het leven. **Zonder B en C kan ze net zo goed een succesvolle verpleegster worden of politieagent of in de Raad van Bestuur komen.** Dat haar zusjes benen wel symmetrisch zijn, leert uw dochter al vroeg dat het leven niet eerlijk is. Dat is eigenlijk ook een soort zwemles, maar dan in de woelige golven van het bestaan, waar ze ook haar hoofd boven water zal moeten houden.
Het leukste onderdeel van de B-les is leren duiken. Er is vast wel iemand die haar dat wil leren. Zo leerde de zoon van tante Els duiken van zijn oma. Die was schoonspringkampioen geweest. En dat kwam omdat ze verliefd was op de duikleraar. Maar dat is weer een ander verhaal.

DE BUURJONGENS SLAAN EN BIJTEN

Onze zoon van zeven is goeiig en sociaal, maar durft de laatste tijd niet meer buiten te spelen als onze buurjongens ook op straat zijn. De een is autistisch, de ander heeft PDD-NOS. Een tijdje geleden heeft de autistische jongen mijn zoon een kaakslag gegeven. De andere heeft hem in zijn arm gebeten, heel hard – de tandafdruk is nog zichtbaar. Ik zal nooit het kind van een ander straffen, maar ik heb de jongetjes er wel op aangesproken. Daarna heb ik hun ouders benaderd. De buurvrouw met het autistische zoontje was bezorgd, en heeft met haar kind gepraat. De andere buurvrouw werd boos en vroeg waar ik me mee bemoeide. Van het vrolijke, onbezonnen kind dat mijn zoontje

was is intussen weinig meer over. Lieve tantes, wat moet ik doen?

Uw zoon moet zonder angst op straat kunnen spelen, daar hoeven we weinig woorden aan vuil te maken. De ene buurvrouw reageert voorbeeldig. We vragen ons af wat de buurvrouw van het PDD-NOS-boefje bezielt. We zouden de tantes niet zijn als we daar geen ideeën over hadden. Ouders van 'moeilijke' kinderen krijgen veel onterechte kritiek over hun opvoedingskwaliteiten. Do's vriendin Liesbeth kan daarover meepraten. Als haar autistische zoontje Sam (10) in de Albert Heijn ontsnapt om de aanval te openen op de snoepafdeling, of in een restaurant losbreekt om frietjes van andermans bord te graaien, is dat uiteraard ontzettend vervelend voor omstanders. Toch is enig begrip voor haar als wanhopige moeder op zijn plaats. Liesbeth krijgt op- en aanmerkingen van wildvreemden waarvan de haren je te berge rijzen, tot aan 'stom wijf, hou je kind bij je' toe.
Maar de buurvrouw met het PDD-NOS-kind bewijst haar zoon geen dienst door boos op u te worden als u dit onderwerp bij haar aankaart. **Hij moet namelijk leren zich te gedragen in de maatschappij, diagnose of niet. Ze wil vast niet dat hij bekend komt te staan als een Hulk waarvoor iedereen terugdeinst.** Haar roer moet om, al is ze nog zo vaak gekrenkt. Als ze de handen ineenslaat met u, heeft ze een mooie kans haar zoon vlak bij huis les te geven in sociaal functioneren. Misschien kunt u haar dit boek cadeau doen. En haar vervolgens uitnodigen voor een kopje thee. Samen met de andere buurvrouw. De tantes bieden zich graag aan als gespreksleiders.

ALLES MOET ROZE, ROZE, ROZE, ROZE

Mijn zevenjarige dochter wil roze jurken, leggings, rokjes en truien. Ze heeft al een roze rugzak, roze behang en roze gordijnen. Ik vind het een overdosis tuttigheid. Moet ik haar stimuleren wat stoerdere keuzes te maken?

De dochter van tante Do was net zo'n kind. Ze vroeg roze serviesjes aan Sinterklaas, sliep onder een roze sprei en bij K3-concerten zong ze met duizend andere in het roze geklede meisjes over roze biggetjes. Haar broertje deed intussen wat Do zelf als kind deed: voetballen en in bomen klimmen. Een drama vond plaats toen Do op een partijtje van haar dochter een feesttafel in de tuin had gezet met een roze tafelkleed en roze bordjes. Terwijl de verjaardagsgasten beschaafd hun roze limonade dronken, viel Do's zoontje uit de boom, midden op de roze glacé-taart.
Do vond al die tuttigheid hilarisch, maar het lachen verging haar toen haar dochter op paardrijles wilde. Het kind reed met roze elastiekjes in haar vlechtjes op de engste en grootste paarden – ze konden haar niet wild genoeg zijn. Do's stoere zoontje durfde niet eens in de buurt te komen van zo'n beest. In pretparken wilde haar dochter tien keer in de engste achtbaan, terwijl haar broer angstig aan de kant stond. Na haar eindexamen reisde de dochter maanden door de jungle van Costa Rica. Voor ze vertrok bood Do haar weemoedig een roze strikje aan voor op haar rugzak. Tuttigheid heeft niets te maken met moed. **Het is goed dat uw dochter weet wat ze wil. Daar zal ze veel aan hebben in haar leven. U kunt niet genoeg roze ac-**

cessoires voor haar aanschaffen. Hebt u al aan een roze hemelbed gedacht? Een roze kaptafel? Roze luiken voor haar ramen? Tante Do heeft nog wel wat voor u liggen.

MIJN ZOONTJE HEEFT BARBIE ONTHOOFD

Gisteren zei de moeder van het vriendje van mijn achtjarige zoon dat mijn zoon niet meer welkom is bij haar. Dit nadat hij de Barbie van haar dochter had onthoofd. Het komt niet uit de lucht vallen, ze klaagt vaker dat hij brutaal is, niet luistert en limonade uit de ijskast jat. Ik schaam me voor zijn gedrag. Hij is eigenlijk heel lief, maar hij overschreeuwt zichzelf om zijn onzekerheid te verbergen. Ik begrijp dat die moeder er genoeg van heeft. Toch ben ik diep gekwetst.

Natuurlijk bent u gekwetst. Als je moeder wordt, verplaats je een deel van je hart naar de buitenwereld waar het naar believen vertrapt kan worden zonder dat je er iets aan kunt doen. Vroeg of laat loopt elk kind tegen problemen aan waar u het niet tegen kunt beschermen. Het wordt overgeslagen bij een partijtje, zakt voor een examen, krijgt liefdesverdriet, vindt geen baan, enzovoort. 'Het houdt nooit op,' verzucht mevrouw Hupperts (90), de buurvrouw van tante Do. En zij kan het weten met haar negen kinderen. U kunt u beter zo vroeg mogelijk wapenen. Daar dwingt uw zoontje u nu toe – elk nadeel heeft zijn voordeel.
Nu het probleem zelf. Begin ermee u niet schuldig te voe-

len. Toen wij onze kinderen opvoedden speelden pedagogen elk probleem nog volledig terug naar de ouders, een schandalige praktijk. De genetische ziekte schizofrenie bijvoorbeeld werd indertijd aan de moeder geweten, die toch al kapot van verdriet was. Tegenwoordig is algemeen bekend dat aanleg minstens zo belangrijk is als opvoeding.
U hebt maar één zoon, zodat u niet kunt vergelijken, maar mevrouw Hupperts had er vier, waarvan drie voorbeeldig, terwijl de vierde stal uit haar portemonnee en de boel terroriseerde met zijn driftbuien. Hij werd van school getrapt nadat hij zijn gymjuf 'aap' had genoemd. Zijn excuusbrief ('Beste mevrouw X, ik zal u nooit meer aap noemen') kwam te laat.
Op zijn 22ste werd hij een ander mens. Hij kreeg een serieuze vriendin, begon een florerende zaak, en werd vader van een zoontje dat net zo lastig was als hijzelf vroeger. 22, dat is de leeftijd dat jongensherscnen volwassen worden, weten biologen nu. Vandaar dat de meeste auto-ongelukken worden veroorzaakt door jongens onder die leeftijd, een probleem waar het ministerie van Verkeer en Waterstaat al lang mee worstelt.
Uw zoon is pas acht, hij heeft nog veel fases voor de boeg, waarin hij enorm gaat veranderen. Misschien wordt hij een makkelijke puber, dat zou zomaar kunnen. Vertrouw op uw moederinstinct dat zegt dat uw zoon deugt. Haal uw schouders op, neem vanavond een stevige borrel, en stel de moeder van het vriendje voor de kinderen voortaan bij u te laten spelen, omdat uw zoon thuis rustiger is. Onder de belofte dat u een extra oogje in het zeil houdt.

IK KAN HEM MOEILIJK VERBIEDEN TE INTERNETTEN

Mijn zoon van negen zit de hele dag te internetten. Ik ben bang dat hij schadelijke dingen tegenkomt. Verbieden vind ik moeilijk, ik wil niet dat hij achteropraakt bij zijn leeftijdgenootjes.

De tantes vallen altijd graag terug op de geschiedenis, maar die levert bij dit probleem geen soelaas. We kunnen bijvoorbeeld niet terecht bij Do's buurvrouw mevrouw Hupperts (90), normaal van alle markten thuis: Toen haar negen kinderen opgroeiden had ze niet eens tv.

Do's dochter, nu 22, behoorde tot de internetpioniers. **Op haar achtste mocht ze van haar ouders een kat, en googelde ze het woord 'poesjes'. Ze belandde, u voelt het al, op een pornosite.** Er moet iets gebeuren, bedacht Do toen al.

Wat ons betreft ligt hier ook een taak voor de school. Kinderen gaan steeds jonger online. Er zijn peuters van twee die al actief zijn. De gemiddelde driejarige internet 35 minuten per week.

Je zou denken dat alle scholen inmiddels de les 'Verantwoord omgaan met internet' hadden ingelast. Maar slechts een kwart van de ouders van basisschoolkinderen is tevreden over de aandacht die hun school besteedt aan het fenomeen. We vermoeden dat u tot de overige behoort. Klop daarom met zo veel mogelijk gelijkgestemden aan bij de schoolraad. Intussen raden we u de site mediawijsheid.nl aan. Die site geeft lekker concrete adviezen over veilig en slim gebruik van digitale media van peutertijd tot aan volwassenheid.

Voor uw negenjarige wordt maximaal anderhalf uur beeldschermtijd per dag aanbevolen. Telefoon en iPad zijn natuurlijk verboden tijdens het eten, en ze mogen zeker niet mee naar de slaapkamer. De site beveelt ouders aan vaak computerspelletjes met hun kind te doen, zodat dat kind zich door hen begrepen voelt; daardoor laat het zich makkelijker bijsturen.

MOET IK SCHOOLWERKJES DOEN MET MIJN DOCHTER?

Ik dacht altijd: als mijn dochter het naar haar zin heeft op school, komt het met het leren vanzelf wel goed. Ze gaat na de vakantie naar groep vier en ze vindt het inderdaad erg leuk op school (gelukkig), maar lezen, schrijven en rekenen acht ze niet bijster interessant. De meester zegt dat ze nog erg jong is in haar gedrag en flink achter de vodden gezeten moet worden. Moet ik nu met haar gaan oefenen en werkjes maken of mijn kind juist de ruimte geven in haar eigen tempo groot te worden?

De tantes neigen naar het laatste. Als uw dochtertje in haar gedrag nog heel jong is, moet ze gewoon ouder worden. In het ergste geval blijft ze een jaartje zitten. Daarmee vangt u drie vliegen in een klap: doubleren vindt ze vast haar eer te na, waarmee ze ervaart dat vlijt loont. Verder komt ze bij klasgenootjes die meer op haar ontwikkelingsniveau zitten. Ten slotte kunt u lekker achteroverleunen. **Niets is zo**

vervelend als je kind achter de vodden zitten. U bent haar moeder, niet haar juf. Zo voorkomt u dat u haar dingen opdringt waar ze nog niet aan toe is – dat heeft toch maar een averechts effect. Je kind moet leren een beetje leuk gaan vinden, en het is beter als ze dat zelf ontdekt. Over een jaar spreken wij u weer. Als de deugniet dan nog steeds niets uitvoert, gaan we over naar plan B. Wij weten namelijk alles van kinderen die achter de vodden moeten worden gezeten.

IK WORD ZO MOE VAN DIE MEIDEN

Ik ben gek op mijn dochters van zes en acht, maar niet op hun geruzie. Om wie er gelijk heeft. Wie er gewonnen heeft. Wie een stukje speelgoed toebehoort. En ik maar rechter spelen. Ik word er zo moe van, lieve tantes Els en Do. Wat te doen?

Tante Do raadpleegt graag *De Baedeker voor de Huisvrouw*. Het onvolprezen boek stamt uit 1953, toen ruzieden broertjes en zusjes ook al. Op een van de vierduizend (!) bladzijden, om precies te zijn bladzijde 243 van de aflevering *Hoe moet ik met mijn kind?* staat onder het kopje *Kibbelen*: ‘Het is het best kibbelende kinderen te laten betijen en niet in te grijpen zolang het niet de spuigaten uitloopt en ze elkaar permanent hinderen. Wordt het te erg, zet ze dan uit elkaar. Straf weinig. Het is zo goed als nooit na te gaan wie de meeste schuld heeft en als u beide kibbelaars straft, voelen ze zich beiden verongelijkt. Het gevolg is dan misschien dat ze zich met elkaar verzoenen in wrok tegen u, maar zulk een vrede is de bedoeling niet. Integendeel, de kemphanen moeten ervan overtuigd zijn dat u van beiden evenveel houdt. Bedenk dat kinderen een twist na vijf minuten zijn vergeten; een onrechtvaardig vonnis van moeder of vader kunnen ze echter heel lang, onder ongunstige omstandigheden zelfs hun leven lang, onthouden. Ga dus niet op de stoel van de rechter zitten. Aan redelijk inzicht is een kind nog niet toe, als het zijn eigen zaak betreft (vele grote mensen trouwens ook niet).'

Wat ons betreft trotseert dit antwoord van pedagoog D.L. Daalder, directeur van een Middelbare Meisjes School, de jaren. De tantes kunnen niet anders dan het toejuichen. **Laat uw dochters het zelf uitzoeken en ga ondertussen heerlijk op de bank liggen met een fijn boek, tijdschrift of uw smartphone.** Als het geruzie te luidruchtig wordt, zet u een koptelefoon op.

JODEN, MOSLIMS & KNAKWORSTJES

Gisteren aten twee vriendjes van mijn zoon onverwacht mee, Sam is Joods, Achmed moslim. Ik had alleen knakworstjes en appelmoes in huis. Sam en Achmed wilden dat niet omdat het varkensvlees was. Mijn zoon vroeg waarom dat niet mocht. Daar hadden we even geen antwoord op.

Tijd voor een lesje geschiedenis. Daar zijn kinderen dol op als je het goed brengt. In het algemeen kunt u vertellen dat er verschillende godsdiensten zijn waarbij ieder zijn eigen

regels hanteert. Volgens Joden en moslims wil God niet dat je varkens eet. Dat is gebaseerd op eeuwenoude voedselwetten die om hygiënische redenen zijn bedacht. Onder andere omdat varkens afval eten en wroeten in de modder, als je hun vlees at konden ziekten als de pest zich snel verspreiden. Koeienvlees zou wel zijn toegestaan omdat koeien netjes grazen in de schone wei. Hindoes denken op hun beurt dat ze van God geen koeien mogen eten, die zijn namelijk heilig. En christenen denken dat het er niet zo toe doet.
Als de kinderen u vragen wie er gelijk heeft, zegt u dat niemand dat zeker weet. En dat het ook niet uitmaakt omdat iedereen het goed bedoelt. **Er is maar een ding waar alle godsdiensten het over eens zijn: dat God wil dat je aardig voor elkaar bent.** 'Jullie denken toch ook niet over alles hetzelfde?' zegt u. 'Terwijl jullie beste vriendjes zijn? Dat is juist leuk, dan hebben jullie elkaar meer te vertellen. Daarna speel je gezellig weer samen door.'
Als ze dat doen zijn ze slimmer dan de president van Amerika, kunt u eraan toevoegen. Vinden ze vast ook leuk. Als alle ouders op de wereld nou even dit advies van de tantes overnemen, leven we binnen vijftien jaar in het paradijs.

IK KAN DIE VRIENDINNETJES WEL WURGEN

Mijn dochtertje van tien is slim, lief en leuk, maar sociaal niet al te handig. In haar klas vormen de meisjes voortdurend groepjes. Vandaag hoort ze erbij, morgen wordt ze buitengesloten. Op de sociale media is ze soms de beste vriendin van Saartje, van wie ze dan

poeslieve berichtjes krijgt, maar Saartje post met gemak een uur later dat ze mijn dochter stom vindt en dat ze over is gestapt op Cato. Het liefst zou ik al die meisjes wurgen. Tantes, wat te doen?

Tante Els was zo'n meisje als uw dochter en het onderwerp emotioneert haar zo dat ze nauwelijks antwoord kan geven. Het enige wat ze kan is de goden danken dat ze zelf een zoontje heeft gekregen. Jongetjes maken openlijk ruzie en een uur later lopen ze met de armen over elkaars schouder de deur uit om te voetballen. Geen geniepig gedoe, geen steken onder water.
Het wurgen van Saartje en Cato raden wij af. Alleen al omdat uw dochter nog meer Saartjes en Cato's op haar pad zal ontmoeten. Daar moet ze zich tegen leren wapenen. Meisjes spelen met bondgenootschappen zoals jongens met hun voetbal. Mede daardoor ontwikkelen ze hun sociale vaardigheden sneller dan jongens. Daarom hebben vrouwen – de tantes voorop – vaak zoveel inzicht in relaties. Helaas duurt het bij de een langer dan de ander voor de empathische vermogens op volwassen peil zijn. In principe slijt de gemeenheid er langzaam af, de pestkoppen van nu worden meestal aardige volwassenen (hoewel sommigen het nooit afleren, kijk maar naar de cijfers over pesten op het werk).
Tot die tijd geldt: *if you can't beat them, join them*. Hiermee bedoelen wij niet dat u uw dochter geniepigheid moet leren. Maar een beetje positief raffinement kan geen kwaad. Onder druk van Saartje en Cato kan ze inzicht krijgen in wat er gebeurt en hoe ze het beste kunt reageren. U heeft het tij mee: er is nog nooit zoveel aandacht voor pesten geweest.

Uw dochter kan bijvoorbeeld een Kanjertraining volgen, waar kinderen leren zich te weren.
Als het goed is kunt u ook te rade gaan bij de leerkrachten op school. Zij hebben het lespakket 'Meidenvenijn is niet fijn' door moeten worstelen. De tantes vrezen echter het ergste nadat zij er een blik op mochten slaan en stuitten op zinnen als: 'Voor het ombuigen van negatief gedrag wordt gebruik gemaakt van de principes van het Kwadrant van Ofman, ook wel kernkwadrant genoemd. (...) Ook wordt het 5G-model gebruikt, afkomstig uit de Rationeel Emotieve Therapie van Albert Ellis.' Ja, het stond er heus. Wij zijn bang dat de leerkrachten tijdens het lezen in een diepe slaap zijn gevallen.

HELE DAGEN ACHTER DE COMPUTER

Hoe erg is het dat mijn zoontje van zeven de hele dag achter de computer wil zitten? Kan dat kwaad of moet ik hem dwingen ook met iets anders te spelen dan Skylanders?

Aanvankelijk veerden de tantes op bij deze vraag. In principe vinden wij het geweldig als een kind zich eindeloos kan vermaken met slechts één soort speelgoed. Maar toen googelden we Skylanders. We kregen diep respect voor een zevenjarige die dit ingewikkelde computerspel snapt. En we begrijpen ook dat uw slimme zoon het graag dag en nacht speelt.
Hoe ernstig is dat? Hoelang mag een kind gamen? Psycho-

logen, pedagogen en neurologen weten nog niet genoeg van het effect van games bij gezonde kinderen om zeker te zeggen waar de speelgrens ligt. Wie zijn de tantes dan?
We kunnen alleen vaststellen dat gamen een relatief nieuw fenomeen is, en nieuwe fenomenen moeten altijd voorzichtig tegemoet worden getreden. **Dat hebben we van onze ouders, die ons verboden naar de brave western *Bonanza* te kijken uit angst dat we agressief werden.**
De tantes hanteren een simpele vuistregel: alles in het leven draait om de dosis. Onze ouders hadden alleen een paar stokjes om mee te spelen. Dat maakte ze creatief en snel tevreden, beweerden ze altijd zelfvoldaan. Ons advies: stuur uw zoon elke dag naar buiten. Als hij zich met een paar stokjes weet te vermaken, en zich moe en vies van het spelen bij de voordeur meldt, mag hij van ons weer naar binnen voor een rondje gamen.

HOND DOOD, KINDEREN EEN TRAUMA

We hebben onze lieve hond moeten laten inslapen. Hendrik was twaalf jaar oud, ziek en versleten. Onze drie kinderen zijn intens verdrietig. Hoe gaan we om met dit trauma?

De tantes kennen het, we hebben ook honden. **Maar het overlijden van Hendrik valt toch niet onder het kopje 'trauma's'. De natuur heeft het zo geregeld dat huisdieren eerder sterven dan wij. Als u dit uw kinderen wilt besparen moet u een schildpad nemen, die wordt**

met een beetje geluk tachtig. Of koikarpers, die worden tweehonderd (je hebt ook nog een dier dat nooit doodgaat, de kwal Turritopsis nutricula).

U mag nog blij zijn dat u geen schuld treft. Anders dan tante Do toen zij tien jaar geleden per ongeluk teckel Kareltje, de lieveling van haar kinderen, onder een auto liet lopen. Dat had de natuur niet geregeld – Kareltje was pas elf maanden en kerngezond. Vervuld van schuldgevoel nam Do na een week een dubbelganger van Kareltje in huis. Die had ze het liefst ook Karel genoemd, maar dat vonden haar toch al verwarde kinderen geen goed idee. Het werd Kees. Een maand later volgde de tweede Karel-kloon: Piet. Toen hadden de kinderen niet eens meer tijd om Kareltje te missen. Ze gingen van Kees en Piet houden alsof er nooit een Karel had bestaan. Do rouwde langer om Karel (eerlijk gezegd tot op de dag van vandaag) dan haar kinderen.

Dit wil niet zeggen dat u een nieuwe Hendrik in huis moet nemen. Wel dat u de mooie kant ziet van deze droevige gebeurtenis. Uw kinderen krijgen een oefening in rouwen. Ze komen beslist over het verlies van Hendrik heen, de een misschien wat sneller dan de ander, maar toch. Zo ervaren ze dat de tijd alle wonden heelt. Dat zal ze later in het leven nog goed van pas komen.

HIJ VERTIKT HET ONDER DE DOUCHE TE GAAN

Sinds onze zoon van elf in de puberteit is beland is hij met geen stok meer onder de douche te krijgen. Soms

stinkt hij een uur in de wind. Met zijn hormonen ontwaken namelijk ook de zweetkliertjes. Het kan hem niet schelen wat zijn klasgenoten ervan vinden en met ons heeft hij ook geen medelijden. En straks gaan we in de auto naar het Comomeer. We willen de vakantiesfeer niet verpesten voor ons en zijn twee jongere zusjes, maar we zien wel op tegen de walm. (PS Voor het inhouden van zijn zakgeld is hij immuun.)

Vroeger was de oplossing in zo'n geval duidelijk: je pakte een bezem en dreef het kind daarmee naar douchehok of wastobbe. Lijfstraffen zijn uit de tijd – de ouders van tante Els deden er al niet meer aan toen Els' broer M. dezelfde merkwaardige bokkigheid vertoonde. **Zij en haar broers en zusjes konden M. wel vermoorden als zij de hele weg naar Italië hun neus moesten dichtknijpen op de achterbank.**

Ons advies: jakker zo snel mogelijk door naar het Comomeer, dat is duizend kilometer. Als u en uw man elkaar afwisselen achter het stuur, kunt u het desnoods in een dag halen. Zet alle ramen open zodra u in warme streken belandt. Eenmaal aan het meer kiest u een baai met veel jongeren. Pubers zijn dol op zwemmen, vooral als het heet is. Het water van het Comomeer zal in ieder geval de ergste stank verdrijven.

Uw probleem zal zich op de lange duur vanzelf oplossen zodra zich een leuk vriendinnetje (of vriendje, je weet het niet) aandient: dat merkt u als uw zoon opeens met plezier drie keer per dag onder de douche gaat. Tot die tijd moet u het zien vol te houden.

HOOR IK OPEENS EEN KEIHARDE BOER

De kinderen van mijn beste vriendin – ze zijn zeven en negen – zijn ontzettend onbeleefd. Ze groeten niet als ze binnenkomen, worden boos als ze niet een tweede bakje chips krijgen, vertikken het hun moeder te helpen met tafeldekken en laten boeren – het liefst in mijn oor. Mijn zoontjes zijn anderhalf en bijna vier. Ik moet er niet aan denken dat ze ook zo worden. Mijn vriendin lacht erom. 'Ze moeten zich nog lang genoeg keurig gedragen als ze volwassen zijn,' zegt ze.

Uw vriendin borduurt voort op het gedachtegoed van de hippies uit de jaren zeventig van de vorige eeuw, die hun kinderen nooit iets verboden. Ze kwamen daarvan terug toen die kinderen massaal ontslagen werden of aan de drugs gingen. Wij tantes zijn van de manieren en vinden dat kinderen op straffe des doods moeten leren alstublieft en dank u wel te zeggen. Het zoontje van tante Els hield als piepklein jongetje al de deur voor haar open. Hij hielp haar met het dragen van de boodschappen en zei 'Ja, graag' als ze vroeg of hij een koekje wilde. Als er vriendjes kwamen die niet groetten, zei tante Els verbaasd: 'Wat zielig dat jij niet eens "Dag moeder van Thijs" kunt zeggen als je binnenkomt.'

Mocht u de smaak te pakken krijgen, dan kunt u *Hoe hoort het eigenlijk?* van Amy Groskamp ten Have aanschaffen. Aan de hand van deze klassieker uit 1939 leert u dat uw kind ijskast moet zeggen in plaats van koelkast; wc in plaats van toilet, vruchten in plaats van fruit. **U vergroot daarmee de kans dat uw kind later een baron(es) trouwt. Maar**

niet dat het gelukkig wordt en zelfvertrouwen opdoet. Dat leert het wel van de basis van de beleefdheidsregels: respect tonen voor anderen. En nooit, helemaal nooit, boeren in andermans oren.

DE JUF ZIET ONZE ZOON NIET ZITTEN

De juf van mijn achtjarige zoon ziet hem niet zitten. Toen wij op het tienminutengesprek verschenen verzuchtte ze: 'U mag blij zijn als hij ooit een diploma behaalt.' Wij vinden onze zoon niet dom, hooguit een kind dat begeleiding nodig heeft. Die begeleiding hoeft hij van deze leerkracht niet te verwachten.

Tante Els krijgt bij het lezen van uw verhaal een rood waas voor ogen. Zij heeft ervaren hoezeer leerkrachten de mist in kunnen gaan. Haar zoontje verslond op zijn zevende boeken waar hij eigenlijk drie jaar te jong voor was, zoals *Robinson Crusoe* en *De negerhut van Oom Tom*. Toch wist zijn juf zeker dat hij een bijzonder laag IQ had. Waarom? **Bij elke multiplechoicetest beantwoordde de zoon van Els honderd procent van alle vragen verkeerd. Toen Els dat hoorde, moest ze aanvankelijk lachen. Honderd procent is namelijk best knap.** Bij multiple choice beantwoord je blind al dertig procent van de vragen goed. Toen Els bij de juf aankaartte dat er sprake moest zijn van een misverstand, begon die te zuchten. Ze haatte ouders. En kinderen. Ze moest nog twee jaar uitzitten tot haar pensioen en had geen zin in gezeur. Tot Els' ellende ging de piepjonge directeur angstig achter de juf staan. Hij zei: 'Ze is 58, ik kan haar niet veranderen.' Uiteindelijk liep het zo hoog op – de juf stelde voor het kind naar het bijzonder onderwijs te sturen – dat er niets anders op zat dan van school te veranderen.

Wij gaan ervan uit dat u gelijk hebt als u zegt dat uw kind in principe goed kan leren. Als u naar de directeur stapt raden wij u aan goed beslagen ten ijs te komen (er zijn namelijk ook ouders die ten onrechte op hoge poten naar de directeur stappen). Toon aan wat uw zoon allemaal kan. En hoop dan op een minder bang exemplaar dan tante Els destijds trof.

PS De zoon van tante Els maakte overigens snel nieuwe vriendjes op zijn nieuwe school. En trof een geweldige meester die hem consequent een tien voor lezen gaf.

IK VIND HET EEN ACHTERBAKS KIND

Mijn dochter (10) is in de ban van een vriendinnetje dat ik een beetje achterbaks vind en veel te oud voor haar leeftijd. Ze gaat bijvoorbeeld om met jongens van de middelbare school. Haar ouders houden geen toezicht, ze hebben het druk met hun winkel.

Els is ervaringsdeskundige. En hoe. Haar zoon was jarenlang bevriend met de zoon van de rechterhand van Klaas Bruinsma. Die had ook een winkel, maar dan in drugs. Het enige waar het vriendje niet over loog was dat zijn vader was vermoord door een concurrerende bende. Met een sta-

len gezicht jatte hij Els' koekjes- en limonadevoorraad. Els keek gefascineerd toe hoe professioneel het jochie geld telde bij Monopoly. Alsof-ie croupier was in het casino. Terwijl bij hem thuis beslist geen Monopoly werd gespeeld.
Hold your friends close, but your enemies closer, dacht Els. Ze vreesde dat de vriendschap ondergronds zou gaan als ze hem verbood. Ze opende haar hart voor het vriendje, probeerde te zien wat haar zoon zo leuk aan hem vond en ontdekte dat hij eigenlijk best lief was. Ze zei: 'Ik weet heus wel dat jij tegen mij liegt, maar ik vind je toch een schat.' En dat was ook zo.
Haar zoon voelde zich begrepen door zijn moeder. Daardoor stond hij ook open voor Els' bezwaren tegen de vriendschap. Hij begreep waarom ze grenzen trok, en accepteerde die. Die grenzen hielden in dat hij alleen met zijn vriendje om mocht gaan onder haar dak. Hij mocht niet bij hem logeren. Andersom was het jongetje altijd welkom bij Els. Ze nam hem zelfs mee op vakantie.
Toen de jongens naar de brugklas gingen wachtte Els tot ze wist welke school het vriendje verkoos en stuurde haar zoon toen naar een andere. Onmiddellijk verwaterde de vriendschap. Tegenwoordig boert de jeugdvriend goed in de drugshandel. Want dat heeft hij meegekregen van thuis. Zijn moeder schijnt erg trots op hem te zijn.
De moraal van dit verhaal: vertrouw op uw opvoeding, en zit uw tijd uit tot de brugklas.

OUDERS, GROOTOUDERS, DE JUF & DE REST VAN DE WERELD

Vroeger leek het allemaal zo simpel: vader verdiende de kost, moeder zorgde fulltime voor huis en haard. En ze bleven tot de dood bij elkaar. Tegenwoordig hebben ouders een enorm eisenpakket. Ze willen sporten, uitgaan, spannende vakanties, een prettig seksleven en kinderen die slim, sportief, sociaal en altijd goedgehumeurd zijn. *Enter* het echte leven waarin de rest van de wereld een rol speelt. In de vorm van stiefouders, leerkrachten, grootouders, werkgevers, schoonzussen en vriendinnen die overal wat van vinden en dat laten merken ook.

SEKS IN DE TENT

Kunnen mijn man en ik het maken te vrijen terwijl onze twee kinderen van zes en acht in het tentcompartiment ernaast slapen? Een hele vakantie zonder seks is ook zowat.

Wij kunnen u geen bevredigend antwoord geven. **Over één ding zijn de tantes het eens: dat jonge kinderen niet horen te worden geconfronteerd met het seksleven van hun ouders.** Erotiek is het domein van u en uw man, en los van het feit dat uw kinderen eruit zijn voortgekomen, hebben zij niets in dat domein te zoeken. Dat willen ze ook niet. De meeste kinderen griezelen bij het idee dat hun ouders zich met deze praktijken bezighouden.
Als u uw kinderen niet wilt drogeren, wat wij ook dringend zouden afraden, resten u grofweg twee mogelijkheden. U gaat creatief en zacht als muisjes te werk met gespitste oren; of u ziet ervan af. Dat laatste hoeft niet zo erg te zijn als het lijkt. Het opbouwen van erotische spanning kan zich eenmaal thuis, waar de slaapkamerdeur op slot kan, ontladen in een verrukkelijke vrijpartij die u nog een week doet glimlachen bij de herinnering. Niets is zo stimulerend als gedwongen onthouding.

Voor de meest spontane seks moet u gewoon af en toe op vakantie met zijn tweeën.

SCHOONMOEDER IS ME IETS TE FRIS

Mijn schoonmoeder past twee keer per week op onze kinderen van zes en acht. Er waait dan een frisse wind door ons huis. Te fris, wat mij betreft. Als ik thuiskom, zijn alle keukenkastjes schoon. Het servies is perfect gesorteerd. De boeken staan op alfabet. Het kapstokje dat al een jaar ligt te slingeren is opgehangen. De Duplo van mijn zoontje is opgeborgen in een box, hij speelt met de twintig blokjes die hij heeft mogen uitkiezen. Mijn dochter, die het liefst een spijkerbroek draagt, heeft plots een roze jurkje aan. Ik erger me dood, want ik zie dit allemaal als verkapte kritiek op mijn huishoudtalenten en opvoedstijl.

Het is ook verkapte kritiek. Uw schoonmoeder vindt u een ongedisciplineerde sloddervos. Daar kan ze niets aan doen. Grootmoeders zijn door de evolutie voorbestemd zich te mengen in het huishouden van hun kinderen. Daarom worden vrouwen ouder dan mannen. Aan bejaarde mannen bestond in de oertijd geen behoefte omdat zij niet meer konden jagen. Maar bejaarde vrouwen voedden hun kleinkinderen mede op.
Waarom vindt u oma's inmenging zo erg? Uw huishouden vaart er wel bij. Zie uw schoonmoeders kritiek als een natuurverschijnsel. Op een onweersbui wordt u ook niet

boos. Lach erom, geniet van uw schone huis, trek uw dochter de volgende dag haar spijkerbroek weer aan en denk: mijn keukenkastjes zijn toch maar mooi opgeruimd. En als het te erg wordt kunt u altijd nog zeggen: 'Ma, we willen u niet meer belasten.' **En dan huurt u als oppas een vijftienjarig schaap in dat met haar vriendje op uw bank hangt en nog nooit een fles Cif in handen heeft gehad.**

HIJ VINDT ZIJN ZOON EEN WATJE

Mijn zoon van acht houdt van borduren en poppenjurkjes maken. Ik werk bij de marine en vind hem diep in mijn hart maar een watje. Mijn vrouw vindt dat ik te weinig leuke dingen met hem doe, maar ik kan het niet opbrengen met hem te gaan naaien. We hebben er veel ruzie om.

Tante Els had indertijd best graag met u geruild. Zij kreeg de zoon die u had gewild, een testosteronbommetje dat jarenlang met een hamer als knuffel sliep. Feministen beweerden indertijd dat je de sekseverschillen kon uitbannen door 'sekseneutraal' op te voeden. Daarom gaf Els haar zoon voor zijn derde verjaardag een pop: Ken, de brave vriend van Barbie. Daar is hij 31 jaar later nog verontwaardigd over. Godzijdank kwam er een vriendin op bezoek die hem een zwaard cadeau gaf. Dat redde het feest.
Feministe Anja Meulenbelt leerde haar zoon vanaf dag één respect te hebben voor vrouwen en ze niet als lustobject te

zien. Toen hij de puberteit bereikte en zijn kamertje vol hing met posters van naakte dames, gaf ze het op.
Tante Els kon van haar zoon geen zachtaardige balletdanser maken, u van de uwe geen macho. Het motto van Do's buurvrouw mevrouw Hupperts (90) is: 'Er wordt je niets gevraagd.' Levenskunst is accepteren. Zie uw zoon als leermeester. Geniet van wat hij wel heeft, en verzet u niet tegen wat hij niet heeft. Dat is zinloos en zonde van uw tijd. U bent een marineman en hebt een kleine Jan Taminiau (Máxima's modeontwerper, die zijn hele kindertijd weggekropen onder de tafel zat te naaien). *Deal with it*. Uw zoon heeft behoefte aan twee ouders die van elkaar houden en geen ruzie maken, zeker niet over hem. Lach erom. **Neem het op als een man, en geef uw zoon voor zijn verjaardag een roze velours stofje en een naaidoos. Dan bent u pas echt stoer.**

VOLGENS MIJN MOEDER HEB IK NU WEL GENOEG GEROUWD

Mijn man en ik hebben twee kinderen van drie en vijf. Vier maanden geleden heb ik een dochtertje gekregen dat dood is geboren. Ik ben intens verdrietig, maar mijn moeder zegt: 'Kind, wees blij dat je twee gezonde kinderen hebt.' Ik vind dat hard en voel me door haar in de steek gelaten.

Uw moeder staat in een traditie van miljoenen jaren. Relatief kort geleden maakte bijna elke moeder mee – als ze zelf niet was gestorven in het kraambed – dat een deel van haar kroost de volwassenheid niet bereikte omdat de medische wetenschap tekortschoot. Het was een gegeven van de natuur, zoals onweer en storm. Het had geen zin er lang over te treuren; dat kostte energie die aan volgende zwangerschappen moest worden besteed. Je mocht niet verzwakken. Over doodgeboren kinderen werd niet meer gepraat. Tante Els heeft een oudere vriendin die op latere leeftijd toevallig ontdekte dat ze in 1943 een ouder zusje had gehad, dat was gestorven toen ze acht maanden was. **Haar ouders hadden nooit meer over het kindje gesproken – zelfs niet met elkaar. Dat werd in die tijd gezien als de beste manier om verdriet te verwerken.**

Tegenwoordig wordt daar anders over gedacht. Blijkbaar is uw moeder van de oude stempel. Dat betekent niet dat ze ongevoelig is voor uw verdriet. Waarschijnlijk denkt ze dat ze u het beste helpt door zo nuchter te reageren. Met deze wetenschap in uw achterhoofd kunt u misschien een gesprek met haar aangaan, zonder verwijten, waarin u samen bespiegelt hoe u uw verdriet het beste kunt hanteren.

IK ROOK EN DAT IS SCHANDALIG

Ik rook. Ik ben al tien keer gestopt met behulp van nicotinepleisters, kauwgum, e-smokers en onder leiding van antirookgoeroes, maar ik kom er niet vanaf. Ik rook nooit in de buurt van mijn kinderen en neem na elke sigaret kauwgum, maar toch ruiken ze het aan mijn adem. En dan worden ze boos en bang. Ze hebben

het gevoel dat ze mijn leven moeten redden. 'Roken is dodelijk', lezen ze op mijn pakjes. Ik heb geen verweer, ze hebben gelijk. Voor mijn gezag is mijn verslaving ook niet bevorderlijk. Op feestjes sta ik stiekem buiten te roken met een paar medeboosdoeners, en duik weg achter een pilaar als onze kinderen eraan komen. Ik vind mezelf een slappeling, maar het ergste is mijn schuldgevoel. Daarbij ben ik bang dat ik mijn kinderen aanmoedig zelf ook te gaan roken.

Onze ouders hoefden niet over dit onderwerp na te denken. Het was bijna raar als volwassenen niet rookten. De gezinsauto waar wij met onze broertjes en zusjes opeengeperst op de achterbank zaten (allemaal zonder gordel), stond blauw van de rook. Als wij onze ouders vroegen of het raampje open mocht, zeiden zij: 'Nee, dat is te koud.' Visite trof naast een schaaltje pinda's een koker met sigaretten aan. Tv-legende Mies Bouwman, moeder van vijf kinderen, was destijds kettingrookster. Volgens haar zoon nam ze een slof sigaretten voor hem mee toen hij twaalf was.
Elke generatie heeft haar eigen problemen. Wat is wijsheid, in uw geval? Roken is een slecht voorbeeld, maar stiekem doen ook. **U rookt, dat is schandalig, u komt ongetwijfeld in de hel. Maar u demonstreert ook hoe verslavend roken is. Zeg tegen uw kind: 'Jullie moeder is verloren. Neem daarom nooit een eerste trek, dat is haar ook fataal geworden.'** De meeste pubers slaan dit advies in de wind, of hun ouders nu wel of niet roken. Dat kunt u constateren als u een middelbare school passeert in de pauze, waar de overgrote meerderheid van de leerlingen staat te paffen alsof er sinds de jaren zeventig niets is veranderd.

Dat kinderen zien dat moeders mensen zijn die fouten maken, heeft ook voordelen. Kinderen met perfecte ouders schijnen gefrustreerd te raken, omdat ze niet aan hun voorbeeld kunnen tippen. Wij zeggen met opzet 'schijnen', want wij kennen geen perfecte ouders.
Ons advies: probeer ook de elfde keer te stoppen. En de twaalfde keer. Maar als het u toch niet lukt, troost u dan met de gedachte, dat het allerbelangrijkste is dat uw kinderen grootbrengt met liefde en wijsheid. Dat doet u, anders zou u niet zo bezorgd zijn.

EVEN DIMMEN, MARIETJE

Ik erger me aan vriendinnen die onze telefoongesprekken altijd onderbreken als hun kind iets aan ze vraagt. Waarom zeggen ze niet gewoon: 'Nou even dimmen, Marietje. Mama is aan het bellen.'

De tijden zijn veranderd en niet altijd ten goede. Do's moeder en haar zes broers en zusjes mochten als kind niet praten aan tafel, dat was een voorrecht van de ouders. Kinderen mag je zien maar niet horen, was het devies. **Als tante Els het als kind in haar hoofd haalde haar ouders te storen tijdens een gesprek kon ze minimaal een geïrriteerde blik verwachten en vervolgens een pets.**
Nu kent tante Els jonge moeders die doodleuk de telefoon aan hun kind geven zodat die ook even mee mag kletsen. Een verschrikkelijke gewoonte, die Els uitermate narrig maakt. Vooral als het een klein kind betreft dat onbegrijpe-

lijke kreten slaakt, minutenlang zwijgt of het op een huilen zet als tante Els vraagt of mama weer aan de telefoon kan komen.
De tantes raden u aan duidelijke spelregels met uw vriendinnen af te spreken. Tijdens het bellen wordt niet met kinderen geconverseerd. En ook niet gevraagd: 'Wil je even met kleine Sammy spreken?' Is dat niet mogelijk, dan raden wij aan de betreffende vriendinnen louter nog te whatsappen. Dat zal ze leren.

HARE KONINKLIJKE HOOGHEID, ONZE DOCHTER

Mijn vrouw brengt onze dochter van acht elke ochtend ontbijt op bed. Ook legt ze haar kleren klaar, ruimt ze haar kamertje op en knoopt ze haar jas dicht. Pien hoeft sowieso niets te doen: zelfs de melk wordt voor haar ingeschonken. Ik vind het belachelijke verwennerij, maar mijn vrouw zegt: 'Ach, het is zo gezellig en ze is maar zo kort klein.' We zijn benieuwd wat de tantes ervan vinden.

Do's buurvrouw mevrouw Hupperts (90), moeder van negen kinderen, staat aan uw kant. Zij glimlacht bij de gedachte dat ze al haar telgen op hun achtste nog ontbijt op bed zou hebben gebracht. En wijst erop dat het de ouderlijke taak is een kind te leren zichzelf te verzorgen. Kinderen vertonen grote verschillen. Het ene kind wil alles al zelf doen als het er nog niet aan toe is. Het andere kind steekt pas een poot uit

als er echt niks anders op zit omdat niemand anders het voor hem doet – bijvoorbeeld als het op 43-jarige leeftijd eindelijk het ouderlijk huis verlaat. Mevrouw Hupperts vermoedt dat uw dochter tot die laatste categorie zal behoren als uw vrouw zo doorgaat. Uit pure liefde, maar toch.
Volgens opvoedkundige zelfredzaamheidschema's moet een kind zelf zijn jas kunnen dichtknopen als het vier jaar is. Je kunt een achtjarige natuurlijk best af en toe helpen met zijn jas, maar alleen als je hem eens lekker wilt verwennen.
Laat dit aan uw vrouw lezen en geef haar de speciale groeten van tante Els, die alle begrip voor uw echtgenote heeft. **Haar zoon is 34, maar als het aan tante Els zou liggen reed ze elke dag naar zijn huis om te controleren of hij zijn tanden wel goed poetst, vitaminerijk eet en een wolletje draagt.** Els denkt huiverend terug aan de ochtend dat ze haar zoon dertig jaar geleden voor het eerst naar de kleuterschool bracht met de mededeling dat hij zijn billen nog niet zelf kon afvegen. 'Ik heb inderdaad niks anders te doen dan me over de billen van 24 kleuters buigen,' zei de juf daarop sarcastisch. Binnen een dag had Els' zoontje de kunst onder de knie en voor zover bekend heeft hij er geen trauma aan overgehouden.

IK BEGRIJP NIKS VAN HAAR HUISWERK

Ik kan mijn dochter uit groep acht niet meer helpen met rekenen omdat ik het zelf niet snap. Ik heb een blinde vlek voor cijfers, altijd gehad.

Ha, dat herkennen wij. In de tijd van de tantes was wiskunde nog geen verplicht eindexamenvak. Gelukkig maar, anders zaten we allebei nog steeds op school. Onze kinderen hoefden in groep acht dan ook niet meer op ons te rekenen. Trouwens, het schijnt dat ruim de helft van de ouders hun kind niet meer met huiswerk kan begeleiden als het eenmaal op de middelbare school zit. U bent er gewoon vroeg bij, moet u maar denken. **Eén troost: uit onderzoek blijkt dat helpen met huiswerk geen enkele zin heeft. Als je thuis de lessen nog eens dunnetjes overdoet – dat noemen ze in de lerarenkamer pleisters plakken – klopt het beeld dat de leerkracht van je kind heeft namelijk niet meer.** En die weet dan niet waarin hij zijn leerling moet bijsturen. Het enige wat je als ouders moet doen is betrokken zijn en trouw contact met school onderhouden.
Toen de tantes toch aan het googelen waren ontdekten ze ook nog dat twee professoren uit Texas vinden dat je als ouder je kind vooral moet omringen met volwassenen die genieten van leren en werken. Dat schijnt pas echt effect te hebben. Dus: kies vrienden met leuke interesses en banen, lok ze met heerlijke maaltijden, en uw kinderen vlinderen vanzelf door hun schooltijd.

KAN IK MIJN NIEUWE VRIEND AL VOORSTELLEN AAN DE KINDEREN?

Mijn zoon en dochter zijn zes en negen en ik ben twee jaar geleden gescheiden van hun vader. Sinds kort ben ik weer aan het daten en nu heb ik een leuke man ont-

moet. Ik wil hem natuurlijk graag voorstellen aan mijn kinderen – ook omdat ik het gezellig zou vinden als hij bij me blijft slapen. Wat vinden de tantes: hoelang moet ik wachten voor ik hem thuis uitnodig?

De tantes streven altijd naar mildheid, maar hier worden we opeens heel streng. Ons devies is: een jaar. Dan pas weet u of de man in kwestie een blijvertje is.
Verliefdheid is een ziekte die gemiddeld een jaar duurt. Pas als u aan de beterende hand bent, wordt duidelijk of de relatie duurzaam is. Dan is pas de tijd gekomen om te kijken of het botert tussen uw kroost en uw vriend. Op grond daarvan zou u desgewenst de stap naar samenwonen kunnen zetten. Dat is wat ons betreft de volgorde.
Kinderen hopen na een scheiding tegen de klippen op dat hun ouders weer bij elkaar komen – ook uw zoon en dochter. Daarom is het heftig als er een nieuwe man op papa's plekje in het echtelijk bed ligt. Losse scharrels mee naar huis nemen vinden wij al helemaal uit den boze.
Het grote misverstand van de eenentwintigste eeuw is dat kinderen gelukkig zijn als hun ouders gelukkig zijn. Tot op zekere hoogte klopt het, maar er is een grens: ouders die hun kinderen lastigvallen met hun liefdesleven. Geen kind wil iets te maken hebben met het seksleven van papa en mama, zelfs niet als die bij elkaar zijn.
Pas als uw kinderen de leeftijd van achttien jaar bereiken, en mogen stemmen wie Nederland regeert, verliezen ze wat ons betreft hun stemrecht over uw liefdesleven. **Leuk is dat niet, maar het is niet anders: met het ouderschap wordt ook de zelfopoffering geboren. Uw kinderen gaan altijd voor, het is niet anders.**

Leef u vooral uit met uw nieuwe vlam, maar alleen als de kinderen uit logeren zijn. Wacht heel lang tot u hem aan het gezinsontbijt toelaat. Dat is niet leuk en misschien dodelijk voor de spontaniteit, maar echte liefde is daartegen bestand.

DE KUTTRAMPOLINE VAN DE BUREN

Onze buurman heeft een grote trampoline. Als we in de tuin zitten zien we de hoofden van zijn drie springende kinderen voortdurend boven de muur verschijnen. Soms zelfs zijn eigen hoofd. Hij vindt het gezeur dat we erover klagen, en nodigt onze tienjarige dochter uit mee te spelen, maar we willen geen verkeerd signaal afgeven en daarom vinden we dat niet goed. Een partner die mee kan denken heeft hij niet, zijn vrouw is drie jaar geleden gestorven.

De buurman klinkt eerder hardleers dan onsympathiek. Misschien probeert hij voor zijn kinderen het gemis van hun moeder te compenseren met een heleboel vrolijkheid; en volstaat het hem meer inzicht te geven in het probleem. **U zou daartoe een nog grotere trampoline kunnen bouwen en dan uw vriendenkring dagelijks uitnodigen voor een springuurtje, maar dat is wel een paardenmiddel.**
Minder bewerkelijk is het als u de buurman op een mooie lenteavond te eten vraagt in uw tuin. Tevoren vraagt u of uw dochter met zijn kinderen op de trampoline mag, liefst met zo veel mogelijk vriendinnen. Moedig haar aan

een wedstrijd te organiseren wie het hoogst en langst kan springen. Tegen deze achtergrond snijdt u het onderwerp aan met uw buurman en vertelt u hem hoeveel belang u hecht aan uw privacy. Dit leidt onvermijdelijk tot voortschrijdend inzicht. Anders probeert u het later nog een keer. Tegen die tijd is hij vast zo dol op u dat hij u misschien ook wel tegemoet wil komen zonder dat hij u begrijpt.
Voor de Nederlandse tv-kijker hopen wij overigens dat uw pogingen stranden en dat u een programma als *De Rijdende Rechter* inschakelt. Als Mr. John Reid de trampoline uitprobeert zullen de kijkcijfers vast verdubbelen.

KAN HET WAT MINDER MET DIE COMPLIMENTEN?

Mijn man vindt dat ik onze dochtertjes van zeven en negen jaar te veel complimenten geef. Hij verwijt me dat ik elke tekening van hun hand op de ijskast plak, ook als ze achteloos iets op papier hebben gekwakt. Volgens hem moet ik daarmee wachten tot ze echt hun best hebben gedaan. 'Later krijgen ze ook niet de hele dag complimentjes,' zegt hij. 'Straks verwachten ze nog salarisverhoging omdat ze op tijd op hun werk verschijnen.' Ik vind het een lastige. Mijn eigen ouders hebben me nooit laten blijken dat ze trots op me waren. Daar ben ik zelf erg onzeker van geworden.

Wij zijn geneigd uw man gelijk te geven. Ook al hebben we alle begrip voor uw beweegredenen. Alles draait om de dosis, ook bij complimenten. Uw ouders lijken de juiste niet te hebben gevonden. Het zou jammer zijn als u nu dezelfde fout maakt, maar dan andersom. Kinderen die de hele dag worden geprezen worden kleine narcistjes. Tante Els ziet elke dag stagiaires die onverschillig hun schouders ophalen als ze hun spelfouten corrigeert, en diep beledigd zijn als ze een artikel afkeurt. **'Je hebt vast een hele lieve moeder,' zegt tante Els dan, 'maar ze is vergeten je op te voeden.'**

U hoeft geen Tijgermoeder te worden: zo'n vrouw die haar kinderen drie uur per dag op de viool laat oefenen en hun opstel verfrommelt als het niet perfect is. Maar een beetje gas terugnemen kan geen kwaad. Geef uw dochters opbouwende kritiek als ze zich ergens met een jantje-van-leiden vanaf maken en een dikke knuffel als ze echt hun best doen.

Zeg de volgende keer dat ze met een slordige tekening voor de ijskast komen opdraven: 'Je vorige tekening was prachtig, maar volgens mij had je er nu minder zin in,' en gooi de tekening dan vrolijk in de prullenbak. Hun toekomstige werkgevers zullen u dankbaar zijn.

IK HEB NIKS MET BABY'S. MAAKT DAT ME EEN SLECHTE VADER?

Ik voel me een slechte man én vader. Ik houd van mijn babyzoontje, maar ik geniet niet echt van hem. Ik haat het getuttel met luiers en huilen en speentjes. Laatst zei ik tegen mijn vrouw dat ik moest overwerken, ging met collega's de kroeg in, en kwam pas thuis toen ik

wist dat onze zoon in bed lag. Terwijl zij ook een baan heeft en vindt dat ik moet helpen in de huishouding.

U bent te laat geboren. In de jaren vijftig vond Lieve Lita, onze voorgangster bij *Libelle*, dat moeders ervoor moesten zorgen dat de kindertjes gebadderd en gevoed waren als het gezinshoofd thuiskwam. Citaat: 'Val uw man nooit lastig met uw muizenissen, hij heeft zoveel belangrijkere dingen aan zijn hoofd.' Tien jaar later kwamen de Dolle Mina's, die eisten dat mannen ook luiers moesten verwisselen. Een heel verschil met de miljard jaar daarvoor.
De natuur heeft uw vrouw een hogere stem gegeven omdat baby's daar beter op reageren. En u een lage om de vijand te intimideren zodat zij in alle rust de borst kan geven. U kunt uw vrouw vertellen dat uw testosteron daalt als u uw zoon verzorgt. Wat ook zo is, maar ze zal niet onder de indruk zijn. Want u leeft nu, na de tweede feministische golf, in de westerse wereld. Als u zich zou gedragen als oerman zou uw vrouw meteen wegrennen, met steun van justitie.
Wegduiken voor gezinstaken heeft ook geen zin. **Vrouwen hebben het geheugen van een olifant. Wij kennen bejaarde vrouwen die weigeren hun mans rolstoel te duwen omdat hij hen ooit ergens mee liet zitten.**
U kunt twee dingen doen: naar Saoedi-Arabië verhuizen of onderhandelen met uw vrouw. Zeg dat u mentaal minder sterk bent dan zij, dat hoort ze graag, en het is ook zo. Misschien kunt u haar omkopen met cadeautjes. Als ze onverbiddelijk blijft en eist dat de taken gelijk verdeeld worden moet u denken op de lange termijn. Uw tijd komt nog. In de wieg ligt uw grootste fan. Hij weet het alleen nog niet. In

groep een zal hij opscheppen dat u de sterkste vader bent van allemaal. Ook fijn: tegen die tijd heeft hij geen luier of speen meer nodig.

IK HAAT HET DAT ZE ZO ENTHOUSIAST ZIJN OVER HUN STIEFMOEDER

Twee jaar geleden ben ik gescheiden, omdat mijn ex verliefd werd op een ander. Ik ben nog steeds kapot van verdriet. Elke veertien dagen breng ik onze twee dochters van acht en negen jaar naar hun vader en zijn vriendin die ik steevast juffrouw Tut noem. Mijn ex en ik spreken elkaar niet, dus ik lever de kinderen af voor het tuinhekje en blijf op de stoep wachten tot de deur opengaat. Nu merk ik aan mijn kinderen dat ze mijn opvolgster graag mogen. Ze kijken gezellig met juffrouw Tut naar *The Voice* en dansen met haar door de kamer. Als ze weer thuiskomen, probeer ik het knarsen van mijn tanden te verbergen, en me te onthouden van zuur commentaar, maar dat lukt me niet echt. Ze durven me steeds minder te vertellen over hun weekendjes bij papa. Ik weet dat ik mijn meisjes niet moet opzadelen met mijn verdriet, maar ik ben ook maar een mens.

We leven met u mee, we moeten er ook niet aan denken in de steek gelaten te worden voor juffrouw Tut. En toch zit er maar één ding op: u moet in de huid kruipen van moeder Teresa. Wij kennen volwassen kinderen die getraumatiseerd zijn omdat het gedoe tussen hun ouders hun hele jeugd heeft verknald. Dat wilt u niet. De essentie van het ouderschap is een variant op de uitspraak van Calimero: 'Zij zijn klein en ik ben groot.' Daarom zit er niets anders op dan uw zure opmerkingen voor u te houden. Kinderen willen dat hun ouders bij elkaar blijven. Dat is u en uw man helaas niet gelukt. Als het leed van uw dochters kan worden verzacht doordat ze het fijn hebben bij juffrouw Tut, moet u zich op de een of andere manier weten te vermannen. Misschien helpt de gedachte dat het erger zou kunnen. Er zijn genoeg gescheiden vaders die erin slagen een deksel op hun verleden te leggen en doen alsof hun kinderen niet bestaan. En er zijn genoeg stiefmoeders die hen daarin van harte steunen. Uw dochters hebben het gelukkig beter getroffen. **U zou juffrouw Tut eigenlijk moeten koesteren. Hoe, dat weten wij ook niet precies. Voodoo? Mindfulness? Meditatie? Therapie? Een nieuwe man? Tinderen? Een boek over jaloezie lezen?** Wij wensen u alle kracht van de wereld.

HIJ IS BANG DAT ONZE ZOON HOMO WORDT

Mijn zoon van vijf is niet jongensachtig, zacht uitgedrukt. Hij wil de jurkjes van zijn oudere zusje dragen en speelt liever met Barbies dan met autootjes. Mijn man vindt het lastig. Hij vindt dat we mijn zoon moeten leren van jongensdingen te houden omdat hij bang is dat hij homo wordt. Zijn pogingen met hem te voetballen beginnen dwangmatig te worden. Welke kant gaat dit uit?

Welke kant het opgaat kunnen we u niet vertellen. Wij hebben veel jongetjes meegemaakt die op hun vijfde een roze jurkje aan wilden, vooral jongens met oudere zusjes. De meesten van hen bleken later dol op meisjes. Een paar werden homoseksueel, en beide tantes kennen een jongen die als puber in de genderkliniek van het VU-ziekenhuis belandde. De ouders van deze jongetjes stonden niet te juichen. Desondanks kreeg een van de twee stellen het voor elkaar hun kind vrolijk te begeleiden. Het andere stel vond het allemaal maar verschrikkelijk en wilde er niets van weten. Hun kind had het daarom moeilijker. Of dat de oorzaak of het gevolg was van de benadering van zijn ouders was lastig te zeggen, maar die zal in ieder geval niet geholpen hebben.

De tantes geloven in de wetenschap, en die wijst uit dat je seksuele geaardheid vastligt bij de geboorte. Dat wordt ondersteund door het pedagogische gegeven dat kinderen niet willen afwijken van de norm. Homoseksueel zijn is in de broeierige puberwereld niet begerenswaardig, laat staan transgender zijn. Het enige wat ouders kunnen doen is hun kind te begeleiden op zijn weg.

De gemiddelde man wil liever met zijn zoon voetballen dan met poppen spelen. Maar als uw zoon per se meisjesdingen wil doen, kan uw man daarin beter meegaan. De geaardheid van een kind is niet te beïnvloeden, de mate waarin hij zich kan verzoenen met zijn geaardheid wel; de relatie tussen vader en zoon zal er hoe dan ook wel bij varen.

IK KAN TOCH NIET NAAR BRAZILIË ALS MIJN KIND VOOR HET EERST NAAR GROEP DRIE GAAT?

Mijn man moet in augustus twee weken op zakenreis naar Brazilië en ik kan mee op kosten van de zaak. Onze oppas is bereid op onze zesjarige dochter te passen. Zij zijn dol op elkaar. Toch aarzel ik. Mijn afwezigheid zou samenvallen met het eind van de zomervakantie. Mijn dochtertje gaat dan naar groep drie. Ik merk dat andere moeders stomverbaasd zijn dat ik zelfs maar overweeg mijn man te vergezellen.

De ouders van de tantes zouden juist stomverbaasd zijn geweest als u deze kans niet greep. Tante Do kan zich niet herinneren dat haar ouders ooit aanwezig waren als ze naar een nieuwe klas of school ging, want dan kampeerden zij drie weken in Zuid-Europa. Dat paste het beste in het vakantieschema van haar vader. Soms vroegen ze per ansichtkaart: 'Is Dorientjes nieuwe klas leuk?' Een retorische vraag, want niemand wist waar het antwoord heen zou moeten.
De ouders van tante Els gingen vaak een maand met zijn tweetjes weg en meestal ook nog naar een ander continent. Het liefst in het laagseizoen omdat het dan goedkoper en rustiger reizen was. De ene keer wandelden ze door Nepal, de andere keer trokken ze in een oude jeep door Kenia. Els en haar broertjes en zusjes bleven achter bij wildvreemde tantes en ooms van wie ze nog nooit hadden gehoord en die ze naderhand ook nooit meer hebben gezien. **Bij heimwee naar hun ouders konden ze schrijven naar De heer en mw. Rozenbroek, poste restante Mombas-**

sa. Zo'n brief kwam maanden later ongelezen terug.
Toch komen bij uw vraag geen herinneringen aan diep verdriet of gemis bij ons op. Tante Do denkt vooral aan de zelfgemaakte frietjes die haar oppas destijds maakte; Els aan de exotische cadeautjes na terugkeer. Wij ondergingen de ouderlijke trektochten als een natuurverschijnsel. Leuk was het niet, maar wij herinneren ons ook, paradoxaal genoeg, een gevoel van geborgenheid, omdat onze vaders en moeders het goed hadden samen. Voor kinderen is niets zo veilig als de wetenschap dat hun ouders van elkaar houden. Een ander voordeel: we waardeerden hun aanwezigheid des te meer als ze weer thuis waren.
Gaat u vooral mee met uw man. Anders dan onze ouders bent u in Brazilië niet onbereikbaar voor uw aanstaande derdegroeper. U kunt desnoods de hele dag met haar skypen en appen (dit is overigens geen aanbeveling!) Geniet samen, heb vertrouwen in uw oppas, en zorg dat ze goede frietjes bakt.

ZE VINDEN NEDERLANDSE OUDERS WATJES

Mijn ouders zijn opgegroeid in Suriname. Ze vinden Nederlandse ouders maar watjes. Onderhandelen met een kind vinden ze bijvoorbeeld onzin. Nu heeft mijn dochter van acht vijf euro uit mijn portemonnee gepikt. Op mijn vraag waarom, vertelde ze dat ze een armbandje wilde kopen voor haar vriendinnetje. Dat vond ik zo schattig dat ik haar niet heb gestraft. Wel heb ik met haar afgesproken dat ze nooit meer steelt.

Mijn ouders lachen me vierkant uit. Mijn moeder zei: 'Je had haar moeten rammelen.'
Zo gaat het vaker. Volg ik de opvoedregels van het land waar ik vandaan kom of van het land waar ik woon?

Beide, vinden de tantes. Met alle wijsheid die u van twee kanten wordt aangeboden krijgt u de kans het beste uit twee werelden te combineren. Uw kinderen groeien op in een maatschappij waar mondigheid belangrijk wordt gevonden. Daar is wat voor te zeggen: ouders en onderwijzers zijn geen heiligen. **Maar die kritische houding kan ook doorslaan, zoals Nederlandse leraren weten, die een groot deel van hun tijd besteden aan onderhandelingen met boze ouders van onbeleefde kinderen.**
Als u nou het goede van beide standpunten weet op te pikken, en het slechte weet weg te filteren, hebt u de ideale opvoeding te pakken. U heeft lief gereageerd op uw dochtertjes gedrag, maar wij vinden dat uw moeder ook een punt heeft. Kinderen moeten leren dat stelen verkeerd is, al dient het nog zo'n goed doel. We zouden alleen een andere straf bepleiten in plaats van een pak rammel. Twee dagen geen tv kijken? De iPad afpakken? Of is dat te mild? Drie dagen? Een week? Overleg met uw moeder, wij hebben alle vertrouwen in haar oordeel.

MIJN MAN STIKT LIEVER DAN DAT HIJ EEN COMPLIMENTJE GEEFT

Mijn man geeft nooit eens een complimentje. Daar heb ik altijd last van gehad, en nu ben ik bang dat ook onze kinderen eronder lijden. Met name mijn oudste zoon van zeven snakt naar zijn vaders goedkeuring, maar die krijgt hij niet. Als hij stralend de tafel van negen opzegt, zwijgt papa, knikt even en leest verder in de krant.

Tante Els bezocht eens een miljonair in zijn blinkend schone villa. Zelfs de jampotjes stonden keurig in het gelid. 'U prijst uw huishoudster ongetwijfeld de hemel in,' zei ze. Waarop de miljonair bromde: 'Natuurlijk niet, dan doet ze niet meer haar best.' De miljonair en uw man komen ongetwijfeld uit een calvinistisch nest: het spreekt daar vanzelf dat je keihard je best doet, daar hoef je geen woorden aan vuil te maken. Van complimenten krijg je het maar hoog in je bol.
Misschien kunt u uw man duidelijk maken dat dit principe achterhaald is. De tantes raden u aan hem met 'mannelijke' argumenten te bekogelen die rechtstreeks uit de zakenwereld komen. Als je 'de kracht van het compliment' op Google intikt krijg je 442.000 hits. Volgens managersonline.nl vormen complimenten 'een onmisbaar managementinstrument', waarmee je potentiële klanten kunt werven en de gunfactor bij bestaande relaties verhogen.
Iets dergelijks geldt voor opvoeden – ook een vorm van managen tenslotte. Op de site opvoedadvies.nl. beveelt pedagoog T. de Vos-van der Hoeven maar liefst tien complimen-

ten per dag per kind aan. Dat versterkt het zelfvertrouwen. Tante Do's oude buurvrouw Hupperts constateert dat ze dan zwaar tekortgeschoten is bij de opvoeding van haar negen kinderen. **Voor negentig complimenten per dag had ze geen tijd. Desondanks zijn haar kinderen goed terechtgekomen.** Voor de zekerheid schrijven wij uw man voor een compliment per kind per dag te geven. Hij zou kunnen beginnen met één per week en dat aantal langzaam opvoeren. Op psychologiemagazine.nl treft hij een virtueel trainingshonk waar hij kan oefenen.

IK EEN ANGSTHAAS, MIJN KIND EEN ANGSTHAAS

Hoe voorkom ik dat mijn kind een angsthaas wordt terwijl ik zelf doodsbang ben dat hem iets overkomt? Ik ben zo iemand die altijd het slechtst mogelijke scenario bedenkt en daarnaar handelt. Ik sla bijvoorbeeld kaarsen en blikvoer in voor het geval dat de Derde Wereldoorlog uitbreekt.

Tja. Wij kunnen u wel zeggen dat uw gedrag ongewenst is, maar dat weet u zelf al, anders zou u niet bij ons aankloppen. U lijkt een nieuwe angst te hebben bedacht (angstige mensen zijn daar goed in): de angst dat u uw kinderen schade berokkent door uw angstige gedrag.
Hier past een nuttige anekdote. Tante Do's lieve grootmoeder was doodsbang voor onweer. **Bij de eerste de beste donderslag haalde ze haar zeven kinderen uit bed met**

de boodschap dat er geen gevaar dreigde, om hen vervolgens voor te gaan in gebed. Ze smeekte God dat huis en gezin behouden zouden blijven. Dit was zo merkwaardig dat haar nageslacht tot op de dag van vandaag vertederd moet lachen bij onweer, en zich behaaglijk omdraait in bed.
U kunt uw inborst niet zomaar veranderen. Wel kunt u uw kinderen een vuistregel voorhouden: dat je je paraplu pas moet openklappen als het regent en niet als de zon schijnt. U zegt er dan bij dat u hier niet goed in bent, en dat zij het anders moeten doen. Dat snappen ze, hoe jong ze ook zijn. Later zullen ze met plezier terugdenken aan hun wijze moeder, die er rond voor uitkwam dat ze niet volmaakt was.

DIE STOMME JUF MET HAAR VMBO-ADVIES

De juf van onze jongste zoon heeft tijdens het tienminutengesprek gezegd dat hij waarschijnlijk een vmbo-advies zal krijgen. Mijn man en ik zijn erg teleurgesteld. Zijn rapporten zijn weliswaar niet zo goed, maar dat komt omdat hij er al snel met de pet naar gooit. Wij weten zeker dat hij net zo slim is als zijn zusjes die allebei vwo doen. Wat denkt u, moeten we te zijner tijd het advies aanvechten?

Het kan natuurlijk zijn dat zijn juf het bij het verkeerde eind heeft, maar wij gaan ervan uit dat er goed over is nagedacht. Omdat het advies van onderwijskrachten sinds 2015 leidend is, liggen veel juffen en meesters van groep acht nu al wakker van de vraag wie ze welk advies zullen geven. 'Ik zit nog liever in de jury van *The Voice*,' zei een van hen laatst nog tegen tante Do.

Voor goede schoolprestaties is een discipline vereist, die niet elke puber gegeven is. Hoe erg is het als uw zoon naar het vmbo gaat? Het houdt niet in dat hij niet slim is. Troost u met het voorbeeld van tante Els. **Toen zij in groep acht zat kregen haar ouders te horen: 'Elsje kan met intensieve begeleiding heel misschien de mavo halen.' Dat klopte, maar daarna volgde ze moeiteloos de havo en uiteindelijk kwam het allemaal goed.** Laat uw zoon lekker vmbo doen als dat het eindadvies wordt. Als hij de geest krijgt kan hij daarna naar het mbo, het hbo, de universiteit en uiteindelijk promoveren en professor worden. Krijgt hij die geest niet, dan biedt een vmbo-diploma minstens zo veel mogelijkheden op een gelukkig en werkzaam leven. En daar gaat het om. Het is een cliché, maar clichés zijn vaak maar al te waar.

Wij kennen hoogopgeleide ouders die zich mislukt voelen omdat ze een vmbo-kind hebben gebaard. Trap niet in die val. Reken maar dat uw kind dat aanvoelt. Uw zoon heeft ongetwijfeld talenten. Vestig daar de aandacht op, zodat hij beseft dat u hartstikke trots op hem bent.

MIJN SCHOONZUS VINDT ALLES GOED

Mijn schoonzusje woont vlak om de hoek en nodigt me vaak uit. Ook vindt ze het heerlijk met onze twee gezinnen uitstapjes te maken. Ik heb daar geen zin in omdat

ik haar kinderen niet zo leuk vind. Mijn neefjes van elf en tien verschuilen zich achter hun hoodies, zeggen geen boe of bah en kijken alleen maar naar hun smartphone. Als ik iets vraag, mompelen ze iets. Eén keer heb ik er iets van gezegd en toen haalde mijn schoonzus haar schouders op: 'Ach, ze puberen al een beetje.' De kwestie zit me zo hoog dat ik mijn schoonzus zo veel mogelijk ontloop. Dat is natuurlijk geen goede oplossing, maar ik weet niet wat ik wel moet doen.

Er zit niets anders op dan op zoek gaan naar wat u wel leuk vindt aan deze jochies. Van je familie kom je namelijk niet af. **Het alternatief is een familieruzie; voor je het weet komt EO-presentator Bert van Leeuwen je met snorrende camera's uitnodigen voor zijn verzoeningsprogramma *Het Familiediner.*** Dat lijkt ons de ergste straf. In dat programma zie je wel hoe het niet moet, dat moeten we hem nageven. Familieleden blijken elkaar jarenlang te kunnen negeren omdat de een ooit de rollade van de ander afkeurde; terwijl ze zonder uitzondering al die tijd ongelukkig zijn met de situatie.
Als het gaat om vrede op aarde kun je het best te rade gaan bij Jezus Christus, een wijsgeer die wij graag aanhalen. Je kunt erover twisten of hij de zoon van God was, maar hij heeft hoe dan ook een aantal goede handvatten gegeven om de maatschappelijke harmonie te bevorderen. 'Heb uw naaste lief gelijk uzelf,' zei hij bijvoorbeeld. Dat lijkt ons in dit geval te hoog gegrepen, maar er moet iets zijn wat uw hart kan verzachten in de omgang met uw neefjes. Zodat u hun gezelschap zo af en toe kunt verduren. Wat ook helpt is ze aan het lachen maken. Trek hun hoodies naar beneden

en zeg verbaasd: 'Hé, jullie hebben haar! En erg leuke gezichten! Komaan, tante gaat jullie eens lekker zoenen.' Voor u het weet, heeft iedereen de slappe lach en dat is duizend keer leuker dan Bert van Leeuwen op de stoep.

ALLE DAGEN BONJE, GEWOON OMDAT HET KAN

Mijn man en ik hebben altijd bonje. Het hoort bij ons, zonder ruzies waren we allang uit elkaar, en dat willen we niet, want we houden van elkaar. Maar het is niet leuk voor de kinderen. We zijn bang dat ze ons gedrag later zullen kopiëren in hun eigen relaties.

Vertel uw kinderen wat u de tantes vertelt. Dat u van elkaar houdt maar dat het niet lukt harmonieus met elkaar om te gaan. Dat u dat niet leuk vindt. Maar dat u toch altijd bij elkaar wilt blijven. Dat u hoopt dat ze dat laatste voorbeeld volgen. Maar niet het eerste.

Wij zien een lichtpunt: blijkbaar maakt u de ruzies ook goed, anders was u niet meer samen. Daar moet u het accent op leggen. Het is overigens niet gezegd dat ze later zelf gaan vechten met hun partners. Misschien leren ze van u juist hoe het niet moet. **Een vriendin van Do heeft een uiterst vredig huwelijk, juist doordat vroeger bij haar thuis een permanente Derde Wereldoorlog heerste. Terwijl haar ouders inmiddels vijftig jaar bij elkaar zijn.**

Hebben uw kinderen een tante in de buurt? Bij wie ze gezellig appeltaart kunnen bakken als het thuis minder leuk is? Els heeft hele ladingen gebakken met haar neefje die ook wel een uitwijkmogelijkheid kon gebruiken. Hij is nu een boom van een kerel – misschien mede door al die appeltaarten – en hij komt nog steeds graag bij Els. Het voordeel van tantes is dat ze een leven lang meegaan als vertrouwenspersoon, omdat ze hun neefjes en nichtjes vanaf de geboorte kennen, en hun ouders ook. Eigenlijk kan geen kind zonder een tante. Maar hiermee kloppen we onszelf misschien iets te veel op de borst.

HIJ ZIT IN ZIJN STUDEERKAMER EN HEEFT GEEN IDEE

Mijn man is een schat, maar heel teruggetrokken, hij zit het liefst op zijn studeerkamer en heeft geen idee hoe hij met kinderen om moet gaan. Als ik hem vraag met onze vierjarige zoon te gaan voetballen of naar de kinderboerderij te gaan, zijn ze snel terug omdat ze zich allebei vervelen. Het gevolg: ons kind trekt vooral naar mij. Ik ben bang dat hij een moederskindje wordt.

Dat kan zijn. Maar hoe erg is dat? De meeste opgroeiende jongens hebben een intiemere band met hun moeder dan met hun vader. Intussen kunnen vaders een unieke bijdrage leveren aan de opvoeding. Als ze er maar zijn op het juiste moment. Het allerbelangrijkste voor kinderen is dat ze een veilig, stabiel en liefdevol thuis hebben. Zo te lezen biedt u dat, met uw man op de achtergrond. **Uw zoon**

voelt vast wel dat papa van hem houdt, hoe onhandig hij ook doet als er moet worden gevoetbald of een geitje geaaid.

Misschien kunt u uw man voorstellen het hem af en toe te zeggen. Gewoon die vier woorden: ik hou van je. Intussen hoeft u niet bang te zijn dat uw zoon niet stoer of succesvol wordt. De lijst van succesvolle moederskindjes is lang. Mannen met een afwezige vader, letterlijk of figuurlijk, die een sterke band met hun moeders hadden: Barack Obama, Bill Clinton, Tom Cruise, Marco Borsato, Leonardo Dicaprio, Gerard Butler. Opvallend veel rappers zoals P. Diddy, Usher en Tupac. En verder alle Italiaanse macho's.

MIJN MOEDER VINDT HET MAAR NIKS DAT MIJN KIND NAAR DE CRÈCHE MOET OMDAT IK ZO NODIG WIL WERKEN

Ik werk drie dagen per week en dan gaat mijn dochter van zestien maanden naar de crèche. Ze lijkt het er prima naar haar zin te hebben, maar het wringt toch. Ook omdat mijn moeder het maar niks vindt (en mijn schoonmoeder ook niet). Hoe zielig is het dat mijn kind naar de crèche moet omdat ik zo nodig wil werken?

Dit vragen moeders zich nu precies een halve eeuw af. Sinds eind jaren zestig, toen de moderne crèches ontstonden. Feministisch icoon en oud-minister Hedy d'Ancona gaf een paar jaar geleden het historische antwoord: 'Je

kind niet naar de crèche brengen, dàt is pas zielig.'
De tantes zijn geneigd het met haar eens te zijn. Een van de voordelen van de crèche is onder andere dat kinderen er sociale vaardigheden opdoen. In 2013 bewezen onderzoekers aan de Radboud-universiteit dat crèchekinderen meer rekening houden met de leeftijd van een ander kindje. Ze zijn zorgzamer en socialer dan kinderen die de hele dag alle aandacht krijgen.
Nu de gezinnen zo klein zijn, lijkt het ons fijn voor je kind dat het met andere kinderen kan spelen, eten en op het potje zitten. **Altijd maar thuis zijn is ook niet alles. Elke moeder is weleens moe of chagrijnig, een kind kan niet vluchten voor boze buien.** Op de crèche is het altijd gezellig. Al was het alleen al omdat er bij elke maaltijd vol overgave het geweldige liedje *Smakelijk eten, smakelijk drinken. Hap hap hap, slok slok slok. Dat zal lekker smaken. Dat zal lekker smaken. Eet maar op, drink maar op* wordt gezongen.
De tantes hebben nog even navraag gedaan bij mevrouw Hupperts (90). Zij vergelijkt een crèche met haar eigen grote gezin van negen kinderen en zegt ferm: 'Daar moesten de kinderen ook weleens op hun beurt wachten en ze kregen ook niet de hele dag aandacht. Lijkt me heel gezond om niet altijd het prinsje of prinsesje te zijn.'
Tante Els heeft zo haar vermoedens over uw moeder en schoonmoeder. Zou het kunnen dat zij een tikkeltje jaloers op u zijn? Misschien hadden ze zelf ook wel buitenshuis willen werken toen hun kinderen klein waren. Misschien deden ze dat niet omdat ze bang waren voor de kritiek van hun eigen moeder, buurvrouw en vriendinnen. Jaloezie kent vele vormen en uit zich op allerlei manieren: ook als zogenaamde bezorgdheid voor het welzijn van uw dochter.

Kortom: als uw dochtertje een gelukkige indruk maakt, vrolijk met u naar de crèche stapt en daar hartelijk wordt verwelkomd door lieve leidsters is er niets aan de hand. En kunt u zich enthousiast en zonder schuldgevoel op uw werk storten.

IS HET SLECHT VOOR DE BABY ALS MIJN VRIEND EN IK GAAN LATTEN?

Voor we een zoon kregen, hadden mijn partner en ik een latrelatie. Omdat ik tweehoog woon, ben ik na de bevalling bij mijn vriend ingetrokken. Dat is nu een jaar geleden en ik merk dat ik steeds meer terugverlang naar mijn eigen huis. Ook voor onze relatie is het beter dat we niet continu samen zijn – we hebben allebei onze ruimte nodig en wonen nogal klein.
Ik merk dat ik moeite heb de stap te zetten omdat ik bang ben dat het te onrustig is voor mijn zoontje om niet één vaste basis te hebben (al zal mijn vriend ook vaak bij mij thuis zijn). Het gaat nu erg goed met ons kind, hij slaapt goed en zit lekker in zijn vel. Ben ik te voorzichtig of is mijn angst gegrond?

U kunt uw kind pas verzorgen als u kunt ademen. Elke stewardess leert haar passagiers dat u in geval van nood eerst zelf uw zuurstofkapje op moet zetten voor u uw kind helpt. Als u meer ruimte nodig hebt binnen uw relatie, en u de luxe van een eigen huis hebt, hoeft u zich van ons niet te laten weerhouden door de gedachte dat de baby misschien

niet tegen pendelen kan. De meeste baby's kunnen zich prima aanpassen aan een nieuwe woonsituatie, zeker als u de verandering geleidelijk invoert.
Kinderen willen maar één ding: opgroeien in harmonie met een papa en mama die lief zijn voor elkaar. Als u meer van uw vriend kunt houden als u apart woont – en u hebt de mogelijkheid – moet u daar gebruik van maken. Dat is beter dan geïrriteerd samenleven op één plek met het risico dat het kind uiteindelijk gedwongen moet gaan pendelen omdat de relatie onder de spanningen is bezweken.

EEN JONGETJE ZONDER VADER

Mijn man is gestorven toen ons kind net was geboren. Ik heb geprobeerd dat zo goed mogelijk te verwerken. Gelukkig ben ik vrolijk van aard en krijg ik hulp van mijn al even vrolijke moeder en zusje. Maar nu maak ik me zorgen omdat mijn zoontje, hij is inmiddels zeven, zo weinig mannen in de buurt heeft. Mijn moeder en ik zijn single en mijn zusje is lesbisch. Tantes, loop ik het risico dat mijn zoon een moederskindje wordt?

Nou, in deze omstandigheden hopen wij voor hem dat hij een moederskindje wordt, anders zou hij pas echt pech hebben. De term 'moederskindje' heeft onterecht een negatieve bijklank, zeker als het jongens betreft. Het wemelt van de leuke, stoere mannen op de wereld die zichzelf trots 'moederskind' noemen, zelfs als ze met vaders zijn opgegroeid. Zoals Hans Kraaij junior, wiens moeder dementeert. Citaat: 'Ik mis haar zo verschrikkelijk. Ze is mijn hele leven mijn beste vriendin geweest.' Jack Wouterse, meer dan een kwart eeuw gelukkig getrouwd: 'Ik ben een moederskind. Die vrouw, die had gewoon wat.' Over de koninklijke oerman prins Bernhard zegt biografe Jolande Withuis: 'De enige van wie hij echt hield was zijn moeder.' (Hij was een lor van een echtgenoot, maar dat is weer een ander verhaal.)

Een vader hebben is fijn voor een jongen. Voor een meisje trouwens ook. Zolang het een goede is, tenminste – er lopen ook heel wat vervelende machtswellustelingen rond. Maar voor een gelukkig leven zijn vaders niet onontbeerlijk. Ook moeders niet, al zijn ze misschien wat meer op het opvoeden van kinderen gebouwd. Wat wel onontbeerlijk is: liefde en warmte en stabiliteit. Zo te horen heeft uw zoon daarover niet te klagen. Dat heeft hij voor op miljoenen kinderen op de wereld, met of zonder vader.

PAPA, MAMA & HET FROZEN-JURKJE

Ik kibbel met mijn man omdat hij het prima vindt dat onze vierjarige dochter permanent in haar blauwe *Frozen*-jurkje van prinses Elsa rondloopt. Ze gaat erin naar school en verjaardagen van de familie. Ik vind het mooi geweest, maar mijn man vindt me te streng.

Wij hebben de frivole neiging met uw man mee te gaan. We zeggen: *pick your battles*. Sommige dingen zijn het niet waard om ruzie over te maken. Als uw dochter over twintig jaar als prinses Elsa in het huwelijk wil treden treft u ons aan uw zijde, maar voorlopig u kunt ervan op aan dat dit een fase is. **Over vijf jaar wil uw kind misschien als gothic door het leven en louter in zwarte kleren door het leven stappen met een ring door haar neus en angstaanjagende make-up.** Ook geen probleem, het gaat allemaal vanzelf over.

Uw voordeel is dat het vermaledijde Elsa-jurkje af en toe in de was moet. U kunt het zo plannen dat het toevallig net op de dag dat oma haar verjaardag viert in de wasmand ligt. Als u uw dochter erop wijst dat prinses Elsa nooit vieze jurkjes draagt, zal ze daar ongetwijfeld alle begrip voor hebben.

HIJ WIL GEEN HOND, IK WEL

Mijn man wil geen hond. Mijn zoon, dochter en ik dromen ervan. Bovendien denk ik dat het ook goed zou zijn voor mijn eigengereide dochter die wel een extra vriendschap kan gebruiken omdat ze niet veel aansluiting vindt bij andere kinderen. Wat te doen, tantes? Zeggen we: helaas, papa vindt er niets aan dus we doen het niet (want laten we wel wezen, het is ook zijn huis) of is het: drie voor, één tegen betekent: de hond komt. En: vinden jullie ook niet dat mijn man me best een hond kan gunnen? Eén hond in mijn hele leven?

Van ons als hondenfanaten kunt u geen nuchter antwoord verwachten. Alles in ons zegt: maar natuurlijk vinden wij dat! Pleeg onmiddellijk een coup! Hoe komt u erbij nog te twijfelen! Waarom is dat beest er nog niet! Tante Do neemt het haar lieve vader zaliger nog steeds kwalijk dat ze als kind geen hond mocht! Hondeneigenaren bezoeken minder vaak de huisarts! Slikken minder medicatie! Krijgen minder vaak een hartaanval! Als je een hond aait komt het hormoon oxytocine vrij dat agressie, angst en stress verlaagt! Het hebben van huisdieren beschermt kinderen tot een jaar tegen allergie! Criminele jongeren die de verantwoordelijkheid krijgen voor een hond vallen minder vaak terug! Het is gewoon een wonder dat er nog mensen zonder honden bestaan!

Wat was het bezwaar ook weer? O ja, uw man wil het niet. Dat probleem kunt u in een klap wegvagen door een puppy te nemen, want tegen zoveel schattigheid is hij vast niet bestand. Tenzij hij geen hart heeft. Het is grof geweld, maar soms is dat geoorloofd. Voetbalexpert Johan Derksen liet een paar jaar geleden op aandringen van zijn vrouw vol tegenzin een babylabradoodle toe in hun leven. Nu rookt hij geen sigaren meer in huis uit angst dat Cuby (van Cuby and the Blizzards) gaat hoesten, en gaat hij nooit meer op vakantie omdat hij Cuby niet alleen wil laten. Ons advies: laat uw man de eerste alinea van dit antwoord lezen, en plak de laatste alinea af.

HIJ WIL EEN HOND, IK NIET

Alsof we het al niet druk genoeg hebben met onze twee kleuters, banen en sociale leven, willen man en kroost ook nog een hond. Ik moet er niet aan denken, maar voel me schuldig als ik naar die teleurgestelde snoetjes kijk (ja, ook het snoetje van mijn man).

De tantes zouden zich ook schuldig voelen, maar wij hebben makkelijk praten. Wij hebben geen kleuters, geen werk buitenshuis en ook geen sociaal leven – wij zitten de hele dag spinnend op de bank met onze honden en de laptop.
Wat dacht u van een middenweg? In de vorm van zo'n piepklein hondje dat Paris Hilton heeft? En de *real life* Barbie? Zulke hondjes zijn onderhoudsvrij. Ze hebben de grootte van een cavia, je stopt ze zo in je tas. Ze laten zichzelf uit in een hondenwc'tje op het balkon. Neem wel een vrouwtje, geen reu die geurvlaggetjes achterlaat in de vorm van plasjes.
Als u geen lawaai wilt, is het goed te weten dat er honden zijn die niet kunnen blaffen: basenji's. Koningin Juliana had er een, Zara geheten.
Een andere optie is een hond leasen. Dat doen ze in Japan waar niemand tijd heeft voor een fulltime hond vanwege het bizar hoge werktempo. Er sterven daar zoveel mensen aan werkstress dat het verschijnsel een eigen naam heeft: *karoshi*. Om toch wat te ontspannen huren veel Japanners in het weekend een knuffel op pootjes bij hondenverhuurbedrijven. Daar organiseren ze hun sociale leven omheen door bijvoorbeeld zijn verjaardag groots te vieren met

voorgedrukte uitnodigingen en champagne. Ook uithuwelijken komt voor, waarbij de hondenbruid een sluier draagt en haar verloofde een smoking.
Als uw gezin alleen genoegen neemt met een serieuze, fulltime hond, raden we u aan voorlopig bij uw standpunt te blijven en wel omdat de vrouw overal voor opdraait in het leven, zoals wij allen weten. Als uw kinderen groter zijn hebt u nog een schijn van kans dat zij de hond zullen uitlaten; al moet u zich daar niet te veel illusies over maken.

EEN KIND HOORT IN EEN DORP

Mijn ouders vinden het maar stom dat wij onze kinderen opvoeden in hartje Amsterdam 'tussen junks en zwervers' (hun woorden) en niet uitwijken naar een dorp waar ze op straat kunnen spelen, omringd door vrije natuur.

Het kleinste dorp, de grootste stad, ze hebben allemaal wel wat, zong de ten onrechte in vergetelheid geraakte briljante cabaretier Jaap Fischer, en zo is het. Elke opvoedplek kent zijn nadelen, zelfs schattige dorpjes waar kinderen à la Dik Trom polsstokspringen over slootjes begeleid door de dorpskerkklok. Volgens studies maakt de jeugd in die schattige dorpjes relatief vroeg kennis met alcohol. In schemerige hangschuren drinken plattelandsjongeren stadsjongeren volledig onder tafel. In het pittoreske Volendam en op Urk is de halve jeugd aan de coke. Op dit gebied hebben stadsjon-

geren misschien wel een voordeel: de aanblik van psychotische junks toont ze waarin drugsgebruik kan ontaarden.
Dit is geen pleidooi voor het opvoeden van kinderen in de grote stad, want dat heeft ook zo zijn nadelen. Het is een pleidooi tegen het onnodig aanpraten van schuldgevoelens, iets waar liefhebbende ouders extreem vatbaar voor zijn. Kinderen gedijen als hun ouders gedijen. Ze zijn het gelukkigst op de plek waar u het gelukkigst bent. **Het eerste stadskind dat in allerijl moet worden getransporteerd naar Drenthe of de Waddeneilanden omdat het anders het loodje legt, moet nog geboren worden.**

EN NU MOETEN WE ZE VERTELLEN DAT WE GAAN SCHEIDEN

Hoe verdrietig het ook is, mijn man en ik hebben besloten uit elkaar te gaan. Onze kinderen zijn twaalf, tien en zeven. Hoe vertel ik ze dat papa en mama gaan scheiden?

Samen. Dat is voortaan het sleutelwoord. Juist omdat u niet meer samen bent. U blijft namelijk bewindvoerders van een onderneming, die u gestart bent toen u kinderen kreeg. Die onderneming mag geen los zand worden omdat de bazen elkaar minder aardig vinden. Uw bonus is dat u niet meer elke dag tegen elkaar aan hoeft te kijken: nu volgen de plichten. Doe elkaar voor Het Gesprek een scheidingsbelofte, zoals u elkaar ooit een huwelijksgelofte deed: dat u uw gezamenlijke product – het opvoeden

van de kinderen – piekfijn zult afleveren.
Het mooiste is als u uw kinderen in Het Gesprek kunt toezeggen dat u bij elkaar in de buurt blijft wonen. Zodat ze als het moet even naar de andere ouder kunnen rennen. **Via de roddelbladen kwam tot ons dat Amanda Krabbé na haar scheiding van Martijn van Amsterdam naar Eindhoven verhuisde. Daarvoor geven wij haar een onvoldoende.** Drie van haar vier kinderen misten haar zo dat ze ook naar Brabant verkasten, zodat het gezin nu nog veel meer is opgesplitst. Je hebt ook vaders die het in hun hoofd halen om naar Portugal of zo te verhuizen. Het zou wettelijk verboden moeten worden. Een kwart van alle kinderen van gescheiden ouders ziet hun andere ouder (meestal de vader) niet meer. Maak uw kinderen in Het Gesprek duidelijk dat zoiets ze niet gaat overkomen.
Omfloers intussen niet dat hun leven er waarschijnlijk op achteruitgaat. Zeg bijvoorbeeld niet dat het fijn is dat ze nu twee huizen krijgen en twee vakanties en twee verjaarspartijtjes. De tantes worden al nerveus bij het idee dat ze twee slaapkamers zouden hebben. Houd een gezinsomhelzing en zeg dat jullie er alles aan gaan doen om vriendjes te blijven. En blijf dat. Al kunt u elkaars ogen wel uitkrabben.
Tip: als het u zelf niet lukt nuchter te onderhandelen, wijst u allebei een vertrouweling aan als vertegenwoordiger. Alles om het bedrijf te laten renderen.

BEN IK EEN TUT ALS IK MIJN KINDEREN GEEN FRISDRANK GEEF?

Ik ben opgevoed met het adagium: 'Als je dorst hebt, neem je een glas melk of drink je maar uit de kraan.' Frisdrank was voor verjaardagen en af en toe op zaterdagavond. Mijn kinderen willen alleen maar frisdrank – ze haten melk en water. Nu heb ik gehoord dat frisdrank slecht is voor het gebit. Vriendinnen vinden dat ik overdrijf en schenken gul Cola, Fanta, Wicky en appelsap. Ik wil geen tut zijn, moet ik ook maar zwichten?

Niet zwichten! U bent geen tut, maar een trendsetter. Wacht maar, het wordt hip frisdrank en kindersapjes terug te dringen. Zoals het normaal is om niet te roken. Dat had ook niemand kunnen voorspellen toen iedere huiskamer blauw stond van de nicotinewalmen.

Tot afgrijzen van de tantes is nog maar 59% van alle vijfjarigen in het bezit van gave tanden en kiezen. Dat komt vooral doordat ze vaker dan zeven keer per dag iets eten en drinken. We eten niet meer drie maaltijden per dag, maar de hele dag door kleine hoeveelheden voedsel en drinken. Het probleem zit onder andere in de drankjes die populair zijn onder kinderen. Daar zitten veel zuren en suikers in waar je gaatjes van krijgt. Maar eigenlijk maakt het niet zozeer uit wát erin gaat, het is veel belangrijker hoe váák het erin gaat. Als je de hele dag stukjes appel eet, krijg je net zoveel gaatjes als wanneer je de hele dag Engelse dropjes snaait of rozenbottelsiroop drinkt.

Niet vaker dan zeven keer per dag iets eten en drinken dus

en terug naar het ouderwetse: 'Als je dorst hebt, drink je maar water.' Frisdrank en fruitsapjes bewaren voor feestjes en zaterdagavond. En uiteraard 's ochtends en 's avonds goed de tandjes poetsen. Eerst mag je kind dat zelf, daarna poets je het goed na. Dat is geen onderwerp waarover onderhandeld wordt. Hoe slim je kind ook is, het is te jong om te begrijpen wat goed voor hem is. Daarvoor heeft het ouders.

EEN ZWARE BAAN, GEBROKEN NACHTEN – IK KAN ER NIET MEER TEGEN

Ik vrees dat het me allemaal te veel wordt – de combinatie kleine kinderen en een zware baan. Ik slaap slecht, heb gebroken nachten door de kinderen en als er geen kind huilt, lig ik te piekeren over mijn werk. Ik snauw mijn man af, doe boos tegen de kinderen, concentreer me niet en voel me overal verantwoordelijk voor. Het liefst zou ik weglopen, hoe lief ik mijn man en kinderen ook vind.

Tante Do gaat al bijten als ze een nacht minder dan zeven uur slaapt. Slaapgebrek maakt mensen gek. Je zenuwen raken van papier. In de VN-definitie van martelen scoort slaaponthouding niet voor niets hoge ogen.
Van de tantes moet u daarom NU op vakantie. Uw kinderen zijn afhankelijk van u en uw man, **u mag niet het risico lopen dat u een burn-out krijgt terwijl uw man er met de secretaresse vandoor gaat omdat zij niet tegen**

hem snauwt (wat niet wil zeggen dat wij hem dan geen schurk vinden). Om uw kinderen te sparen moet u ze nu even verlaten. Breng ze onder bij oma, zusje, broer of allemaal tegelijk, en zeg: 'Als jullie het nu niet drie weken met hen uithouden, zitten jullie er dadelijk een halfjaar mee opgescheept omdat ik ben opgenomen in een rusthuis.'
Boek daarna met uw man een droomvakantie van drie weken, of het nou in een vijfsterrenresort in Thailand is of op een camping in Zuid-Limburg – doe iets, maar ga ervandoor. Eenmaal op vakantie gaat u om te beginnen heel veel slapen. Na een week slapen krijgt u misschien interesse voor andere activiteiten in bed. Maar voel u daartoe niet verplicht. Wij kennen uw slag. Als uw man zich verveelt kan hij *Sophie in de kreukels* downloaden, waarin Waldemar Torenstra vertelt hoe hij de burn-out van zijn vrouw Sophie Hilbrand beleefde. Geloof ons: dat wil hij niet meemaken.

WAT MOET IK MET MIJN LEVEN?

De jongste van mijn drie kinderen gaat binnenkort naar de middelbare school. Daar zie ik erg tegenop. De oudste twee wilden vanaf de eerste dag in de brugklas niet meer dat ik binnen een kilometer afstand op school kwam. Ik ken de ouders van hun klasgenoten niet, ik mag alleen nog maar voor hen koken en hun was doen. Er zijn tijden geweest dat ik snakte naar dit moment. Maar nu word ik somber bij het idee. Ik ben een thuismoeder, misschien speelt dat mee.

Natuurlijk speelt dat mee. Kinderen fungeren als kleine werkgevertjes. Bij gebrek aan andere werkgevers zou u kunnen denken dat uw pensioen is aangebroken.
Maar u bent even belangrijk voor uw kinderen als op de basisschool. Misschien nog wel belangrijker. De middelbare school is een verwarrende periode voor hen, met al die gierende hormonen; daarom hebben ze een stabiel thuisfront nodig. U bent alleen fysiek minder in touw. Luiers, kleren uitzoeken, naar school brengen, dat is voorbij. (Onderbroken nachten krijgt u wel weer genoeg, daarover geen zorgen. Er komt een nacht dat ze niet thuiskomen, of dronken, of in een politieauto.)
Intussen hebben kinderen liever een moeder die zichzelf amuseert dan eentje die smachtend wacht tot ze thuiskomen om haar leven te vullen. Terwijl zij voorzichtig hun vleugels uitslaan, doet u het ook. Verken nieuwe horizonnen. Dat zorgtalent van u, dat kunt u uitbouwen, het wemelt van de medemensen die er behoefte aan hebben en daar zitten hele onderhoudende tussen. Zo wordt u minder afhankelijk van uw kinderen voor uw gevoel van zingeving. Het is een voorbereiding op de grote finale: het moment dat ze uit huis gaan.
Ook dat is overkomelijk weten de tantes, die al tegen dit moment opzagen toen hun spruitjes nog in de wieg lagen. Tot hun verbazing genieten wij inmiddels uitbundig van de vrijheid (hoewel, we hebben wel meteen een hond genomen. Tante Do de teckels Kees en Piet en tante Els de onovertroffen Willem).

SEKS, SCHOENEN, WIJN EN ERDOGAN

Op de een of andere manier ben ik op feestjes – als ik eindelijk eens een goede, koude Chardonnay in mijn handjes heb in een etablissement naar keuze – een soort zwaan-kleef-aan voor andere moeders die met mij willen kletsen over de zwaarte van het ouderschap. Sta ik godbetert in mijn nieuwe strakke jurkje nog steeds te praten over gebroken nachten en wanneer toch te beginnen aan zindelijkheidstraining. Gisterenavond heb ik een vriendin moeten zeggen: 'Luister, ik ben vrij. Mijn kind is niet hier. Ik drink wijn. Laten we het over seks hebben.' Waarop ze zei: 'Ik heb nooit meer seks.'

U hebt een missie. Moederschap kan heel makkelijk een obsessie worden. Sommige moeders moeten voor hun eigen bestwil grenzen gesteld krijgen. Uitgaan, het woord zegt het al, doe je om uit de dagelijkse sleur te ontsnappen. **Wij stellen voor dat u een bord om uw nek hangt – gewoon over uw leuke strakke jurkje.** Daarop zet u in bijpassende kleuren: 'Met mij kunt u niet praten over moederen. Wel over Erdogan, werk, seks, gruwelijke werkgevers, platte hakken versus hoge hakken, mannen, het verschil tussen een Opel en een Audi. Als het maar niet met kinderen te maken heeft. Dat doen we bij de zandbak.' Elke moeder omhelst u met tranen in de ogen, en besluit ter plekke haar seksleven een boost te geven.

NIET ZO WILD, JOCHIE

Mijn zesjarige zoontje stoeit het liefst de hele dag, ook op school tijdens het speelkwartier. Hij is geen pestkop, maar gewoon heel fysiek en dol op ravotten met zijn vrienden. De juf klaagt daarover bij ons. Ze wil liever dat hij rustig speelt. In de klas gedraagt hij zich prima en hij is dol op leren.

Uw juf zou eens moeten gaan praten met de bovenmeester van de vroegere St. Joseph jongensschool in Maastricht. Daar liep Do als kind elke dag langs op weg naar de Regina Pacis meisjesschool. Zij en haar vriendinnen keken dan minachtend naar de kluwen testosteronbommetjes die permanent aan het vechten was op het schoolplein. De bovenmeester, meester Bartels, greep alleen in als er bloed vloeide. Dat jongens vechten was destijds zo vanzelfsprekend als de zon die opkomt. Geen kip die zich erover opwond.
Els had haar zoon Thijs elke ochtend een kalmerend spuitje moeten geven als ze had willen voorkomen dat hij zijn dagelijkse robbertjes worstelde. Als jongetje ging hij het liefst verkleed als He-Man of Zorro naar school, met een vervaarlijk plastic mes in zijn Sesamstraat-rugzakje, en toch is hij uiteindelijk een vredelievende burger geworden.
De aard van jongetjes wordt tegenwoordig wel erg onderdrukt, vinden de tantes. Natuurlijk moeten ze leren stoeien zonder elkaar te verwonden. En ze moeten leren meningsverschillen uit te praten. Hun neiging tot fysieke krachtmetingen moet binnen de perken blijven. Maar welke perken? Die van uw juf of die van meester Bartels van de St.

Joseph? Wij houden van de middenweg. Do gaat uitzoeken of meneer Bartels nog leeft en komt dan bij u terug.

HIJ BLAUWE PLEKKEN, IK DENK: LEUKEMIE

Ik ben nogal een hypochonder. Heeft mijn oudste blauwe plekken, dan denk ik meteen aan leukemie. Hoest mijn jongste, dan vrees ik een longontsteking. Mijn kinderen zijn heel gezond, maar ik ben altijd bang.

Angsten kunt u het beste toetsen aan de werkelijkheid. En die stemt uitermate vrolijk. Nederlandse kinderen zijn namelijk nog nooit zo gezond zijn geweest als nu. Het risico dat uw kind iets afschuwelijks overkomt is tegenwoordig relatief heel klein.
Dat de gemiddelde levensverwachting de afgelopen eeuw is verdubbeld, komt met name doordat de kindersterfte ongelooflijk is gedaald. Een eeuw geleden haalden veel kinderen de vijf jaar niet, een cruciale leeftijd omdat ze daarna genoeg antistoffen hebben tegen veel ziekten. Nu zijn dat er vijf op de duizend.
Destijds was uw angst dus terechter geweest. Jopie Lemmers (82), een vriendin van tante Do, verloor als peuter twee kleine broertjes aan difterie, een ziekte die ze in deze tijd zonder problemen zouden hebben overleefd. Jopies moeder kon zich echter geen hypochondrie veroorloven, want ze hield nog tien kinderen over voor wie ze moest zorgen. 'Ondanks het verdriet om het verlies van twee zoontjes, gedroeg mijn moeder zich heel nuchter als een van

haar kinderen ziek was,' zegt Jopie. **'Ze stopte je in bed, je kreeg een geraspt appeltje en een aai over je bol en moest maar weer snel opknappen. Het gevolg was dat we nooit ziek waren. Zelfs niet in de hongerwinter. We waren mager, maar niet ziek.'**
Als het de oude mevrouw Lemmers lukte haar angsten weg te redeneren, moet het u al helemaal lukken. U hebt de statistieken aan uw zijde. Als het niet lukt, gaat u naar de dokter, maar dan voor uzelf. Misschien lijdt u aan een angststoornis, en ook daarvoor heeft de medische wetenschap uitstekende therapieën ontwikkeld.

DE DOCHTER VAN DE BEKENDE NEDERLANDER

Mijn zoon zit in de klas met een dochter van een bekende Nederlander. Een Heel Bekende Nederlander. Nu hebben mijn man en ik het gevoel dat de juf dat meisje meer aandacht geeft dan onze kinderen. Dat idee wordt gedeeld door andere ouders.

Dit probleem komt gelukkig weinig voor (al wordt er wel studie naar gedaan: in sommige landen is het zelfs een officieel vak: *Celebrity Studies*). Het is een lastige: voor beroemdheden is iedereen gevoelig. Dat is normaal en zelfs gezond. Alleen mensen met een autistische stoornis hebben er geen last van. En dieren niet. Daarom hebben HBN'ers – Heel Bekende Nederlanders – vaak honden. Dan weten ze zeker dat de adoratie henzelf geldt en niet hun roem.

Do kent de moeder van een klasgenootje van prinses Amalia op de Bloemcampschool in Wassenaar. **Die beweert dat alle overblijfmoeders op Amalia afrenden als die van de schommel viel, waardoor kinderen die tegelijkertijd van de glijbaan stortten kermend bleven liggen.** Haar oma Beatrix was als kind de schrik van basisschool De Werkplaats. Klasgenoten dachten dat de moeder van Trix, koningin Juliana, hen in de gevangenis zou gooien als ze niet deden wat hare koninklijke hoogheid wilde. Toen een joch weigerde te gehoorzamen, bond Beatrix hem met behulp van haar vazallen aan een boom en dreigde zijn voeten in brand te steken. Dat weten wij uit het mierzoete boekje *De prinsesjes*, dat begin jaren vijftig verscheen en helaas niet meer te koop is maar bij beide tantes in de boekenkast staat.
Als u het gevoel hebt dat de juf van uw kind zich iets te veel laat meeslepen door het HBN-kind, zou u de kwestie speels in de groep kunnen gooien tijdens een ouderavond. Met de HBN'ers erbij. Voorzichtig, zodat het onderwijzend personeel zich niet in de loopgraven gedrongen voelt. Snijd het vraagstuk vriendelijk aan en zeg dat het voor alle partijen vast een lastig probleem is. Daarna staat het op de kaart en zullen leerkrachten, HBN-ouders en de andere vaders en moeders zich minder krampachtig gedragen. Dat voorspellen wij als tantes die zelf op weg zijn naar het HPBBN-schap (Heel Piepklein Beetje Bekende Nederlanders).

HOE MOET ONS KIND ONS STRAKS NOEMEN: MAMA EN MAMA?

Mijn vriendin en ik verwachten ons eerste kind, een dochter. Zij draagt het, een vriend van ons is donorvader, maar wij worden de hoofdopvoeders. Nu vragen we ons af hoe het kind ons moet gaan noemen.

Tante Do zat 22 jaar geleden met dezelfde kwestie. Ook zij kreeg kinderen met een vrouw. Destijds was dat een minder vertrouwd fenomeen dan nu. Het was uitzoeken geblazen met de benamingen. Er waren voorhoedegenoten die zich stoïcijns papa en mama noemden. Dat leidde tot verwarring toen de kinderen ontdekten hoe papa's er in hun blootje uitzagen.
Soms werd de biologische moeder 'mama' en de meemoeder 'Marieke' of hoe ze ook heette. In ouderwetse zin correct, maar de gelijkwaardigheid van beide moeders als opvoeders kwam er niet in tot uitdrukking.
Daarom stelden Do en haar vrouw zich aan hun kinderen voor als mama-Be en mama-Do. Dat laatste werd meteen mama-Mo. **Het bleek Alix en Bruno weinig uit te maken wie ze riepen, moeders zijn een soort helpdesk, als er maar eentje luisterde was het goed.** Rond de puberteit doken beide mama's lui weg als de twee 'Mamaaaaa!' riepen. Toen schakelden ze over op de voornamen van de moeders.
Een rondvraag in Do's jongere lesbische kennissenkring levert onder andere de volgende antwoorden op. 'Als ze iets van ons *moeten* is het mama en mama, als ze *boos* zijn is het Sandra en Martine.' En: 'Wij zijn mama en mama. Onze

dochter mag het zelf bepalen, je merkt vanzelf tot wie ze zich richt. Als ze echt verschil wil maken noemt ze er een voornaam bij.'
Kortom, het is een interessante puzzel. Later kan uw kind hier nog plezier van hebben op feestjes. Die van Do is inmiddels 23 en krijgt elk moeizaam gesprek op gang met de vraag: 'Wist je al dat ik twee moeders heb?' De vraag: 'Hoe noem je ze dan?' volgt altijd snel. Maar de belangrijkste vraag is: 'Is dat leuk?' en dan zegt Alix: 'Ja.' (Beweert ze. En Do gelooft haar.)

IK HOEF MIJN ZOONTJE TOCH NIET ALTIJD TE LATEN WINNEN

Mijn vriend en ik verschillen van mening over 'wedstrijdjes' doen met onze zoon van net drie. Ik vind dat hij niet altijd hoeft te winnen met voetballen, hardlopen en andere spelletjes. Mijn vriend vindt van wel. Bij navraag bij vrienden en collega's is eigenlijk iedereen het met mijn vriend eens, maar winnen is toch veel leuker als je ook af en toe verliest? Of vraag ik nu te veel van mijn peuter?

Van deze vraag maken we ons makkelijk af door een citaat van de Britse onderwijspsycholoog Lynn Fry in de Engelse krant *The Mirror*: 'Als een kind altijd wint zal het nooit leren omgaan met tegenslagen. Een ouder moet zijn kind juist klaarstomen om een gesocialiseerd persoon te worden.'
Volgens Fry kan het een peuter zelfs onzeker maken als hij

denkt dat hij beter voetbalt en harder loopt dan zijn vader en moeder: 'Een kind moet een ouder zien als iemand die de controle heeft. Als kinderen denken dat zij de controle hebben kunnen het angstige mensen worden.'
De tantes zien nog een bezwaar. Er komt een moment dat uw kind doorheeft dat zijn vader een toneelstukje opvoert. Dan vertrouwt hij hem niet meer. Maar! Tegen die tijd is hij gelukkig toe aan het spelletje *Memory*. Dan hoeft uw vriend geen toneel meer te spelen. Kinderen winnen met *Memory* bijna altijd van volwassenen. Kijken of uw vriend ertegen kan als hij verliest van een zesjarige.
Tante Els speelde elke zaterdagavond fanatiek *Mens erger je niet* met haar kleuterzoon, het eerlijkste spel dat er is. De ene keer won hij, de andere keer zij – het was maar net zoals de dobbelsteen viel. Als hij baalde omdat hij verloor, kneep ze hem in zijn wangen en zei dat hij trots op zijn oude moedertje moest zijn. Daarmee maakte ze hem altijd aan het lachen. Kleuterzoon, inmiddels een volwassen man, kan nog steeds tegen zijn verlies. Gewoon, omdat hij weet dat het niet het einde van de wereld betekent. **Hij heeft ook nooit het *Mens erger je niet*-bord door de kamer gegooid, in tegenstelling tot vriendjes die niet wisten wat ze overkwam als ze verloren omdat hun ouders hen altijd hadden laten winnen.** Het leven is geen lolletje, vandaag win je, morgen verlies je. Een kind kan daar niet snel genoeg aan wennen.

MOEDER EN DOCHTER – ÉÉN POT NAT

Ik ben een twijfelaar. Ik twijfel al over wat ik op mijn boterham doe. Nu begint mijn dochter van acht ook te aarzelen tussen pindakaas en hagelslag. Het is natuurlijk een probleem van verwende mensen voor wie de hele wereld openligt, maar toch. Hoe moet ik haar leren kiezen als ik het zelf niet kan?

Verwend bent u zeker, maar daar kunt u niets aan doen. We leven in een tijd van veel broodbeleg. 'In de oorlog hadden we dit probleem niet,' zegt tante Do's buurvrouw mevrouw Hupperts (90) die altijd graag meedenkt. 'We waren al blij met droog brood. Een boterham met tevredenheid, heette dat.'

Mevrouw Hupperts hoefde toch al niet veel te twijfelen. Er viel destijds niets te kiezen voor een vrouw. Als het huwelijk en het moederschap niet voor je was weggelegd, ging je naar het klooster, bleef je braaf bij je ouders wonen of bij een hospita op kamers.

Wij moeten vele keuzes maken. Kinderen of niet? En zo ja, hoeveel? Blijven werken of thuismoeder worden? Pindakaas of hagelslag? Paradoxaal genoeg levert dat ook ontevredenheid op. Wie ontevreden is, heeft blijkbaar een foute keuze gemaakt. Waardoor ze de volgende keer nog langer nadenkt voor ze kiest. En uiteindelijk helemaal geen keuzes meer maakt. Waarmee ze toch een keuze maakt.

Uw probleem doet tante Els denken aan haar vriendin Marijke, die al haar aankopen minstens drie keer ruilt. In de stad waar ze woont, duiken de winkeliers onder de toonbank als ze haar zien aankomen.

Tante Els begrijpt niets van Marijke. Zelf neemt ze elk besluit in een wip. Dat wil niet zeggen dat het altijd goeie besluiten zijn. Zo heeft tante Els bijvoorbeeld de lelijkste hond ter wereld, Davka. Die heeft ze in twee minuten aangeschaft omdat het zo'n schattig pupje was. Nu schrikt ze zich elke keer dood als ze Davka ziet.

Dat zou tante Do niet overkomen. Zij is net als u. Als zij een hond zou kopen zou ze hem vier keer ruilen. Om te eindigen zonder hond.

Gelukkig kent twijfelen ook voordelen, volgens socioloog Hans Oosterom, auteur van het boek *Blij dat ik Twijfel*. Hij beweert dat twijfelaars over bepaalde extra vaardigheden beschikken. Als je je permanent inleeft in verschillende standpunten word je bijvoorbeeld heel empathisch.

Misschien is uw twijfelzucht wel erfelijk bepaald. Hebt u veel perfectionisten in de familie? Neemt u het uzelf niet kwalijk als u wikt en weegt in bijzijn van uw dochter. U kunt uzelf nou eenmaal niet veranderen in een tante Els. Wel kunt u uw dochter uitleggen waarmee u worstelt, en dan samen oefenen in keuzes maken. U neemt een reeks proefkeuzes voor haar, met de boodschap dat het niet uitmaakt wat ze kiest, als ze maar kiest. In het begin hoeft ze alleen te kiezen tussen pindakaas of hagelslag, en dan voert u het langzaam op met jam, chocopasta en gekleurde muisjes. Elke dag een kwartier. U hebt er zelf ook vast iets aan.

Het zou mooi zijn als uw dochter zo veel mogelijk vriendinnen uitkiest die niet twijfelen. Meisjes als tante Els. Tegenpolen heffen elkaar op.

Daarom is dit Tantes-boek zo'n parel.

DANKWOORD

Dit boek kwam tot stand in de comfortabele rookkamer van hotel The Toren waar de ober vele avonden af en aan rende met wodka (Do), whisky (Els) en verbijsterend lekkere bitterballen.

Onze dank gaat uit naar Sara van Gorp, hoofdredacteur van *Kek Mama* die de moed had ons de opvoedrubriek 'Vraag het de vrolijke opvoedtantes Els en Do' toe te vertrouwen. Naar Willemijn Tillmans, onze redacteur die de moed erin bleef houden ondanks duizenden gemiste deadlines en uitermate verwarrende bijeenkomsten waarin wij erin slaagden haar geduld tot het uiterste op de proef te stellen.

Tot slot buigen wij voor onze kinderen die als onze persoonlijke proefkonijn hebben gefungeerd. Ze zijn goed gelukt, al zeggen we het zelf.